उत्तर प्रदेश का स्वतंत्रता संग्राम

# श्रावस्ती

संरक्षण

**योगी आदित्यनाथ**

माननीय मुख्यमंत्री, उत्तर प्रदेश

मार्गदर्शन

**श्री जयवीर सिंह**

माननीय मंत्री, संस्कृति एवं पर्यटन विभाग, उत्तर प्रदेश

निर्देशन

**श्री मुकेश कुमार मेश्राम**

प्रमुख सचिव, संस्कृति एवं पर्यटन विभाग, उत्तर प्रदेश

अध्यक्ष-संस्थान

**श्री शिशिर**

निदेशक, संस्कृति निदेशालय, उत्तर प्रदेश

उपाध्यक्ष-संस्थान

राज्य स्तरीय परामर्श समिति

**श्री मुकेश कुमार मेश्राम**

प्रमुख सचिव, संस्कृति विभाग, उत्तर प्रदेश शासन—अध्यक्ष

**श्री शिशिर**

निदेशक, संस्कृति निदेशालय, उत्तर प्रदेश—सदस्य

**श्री आनन्द कुमार**

विशेष सचिव, संस्कृति विभाग, उत्तर प्रदेश शासन—सदस्य

**प्रो. आर.के.पी. सिंह**

कुलपति, डॉ. शकुंतला मिश्रा राष्ट्रीय पुनर्वास वि.वि., लखनऊ—सदस्य

**प्रो. आलोक कुमार राय**

कुलपति, लखनऊ वि.वि., लखनऊ—सदस्य

**डॉ. आनन्द कुमार सिंह**

निदेशक, उत्तर प्रदेश संग्रहालय निदेशालय, लखनऊ—सदस्य

**प्रो. सूर्य प्रसाद दीक्षित**

पूर्व अध्यक्ष, हिंदी विभाग, लखनऊ विश्वविद्यालय—सदस्य

**डॉ. विद्याबिंदु सिंह**

वरिष्ठ साहित्यकार, लखनऊ—सदस्य

**प्रो. डी.पी. तिवारी**

पूर्व अध्यक्ष, प्राचीन भारतीय इतिहास विभाग, लखनऊ विश्वविद्यालय—सदस्य

**डॉ. रवि भट्ट**

इतिहासवेत्ता, लखनऊ—सदस्य

**डॉ. लवकुश द्विवेदी**

निदेशक, अयोध्या शोध संस्थान, संस्कृति विभाग, उत्तर प्रदेश—सदस्य/सचिव

उत्तर प्रदेश का स्वतंत्रता संग्राम

# श्रावस्ती

**पवन बख्शी**

कार्यकारी संपादक

**डॉ. आनन्द कुमार सिंह**

राजकमल प्रकाशन

उत्तर प्रदेश
संग्रहालय निदेशालय
(संस्कृति विभाग, उ. प्र.)

उत्तर प्रदेश संग्रहालय निदेशालय, लखनऊ (संस्कृति विभाग, उ.प्र.) के सहयोग से

ISBN : 978-93-94902-55-8

**मूल्य :** ₹500



**पहला संस्करण** : 2023

**प्रकाशक :** राजकमल प्रकाशन प्रा. लि.
1-बी, नेताजी सुभाष मार्ग, दरियागंज
नई दिल्ली-110 002

**शाखाएँ :** अशोक राजपथ, साइंस कॉलेज के सामने, पटना-800 006
पहली मंजिल, दरबारी बिल्डिंग, महात्मा गांधी मार्ग, प्रयागराज-211 001

वेबसाइट : www.rajkamalprakashan.com
ई-मेल : info@rajkamalprakashan.com

**शब्द संयोजन :** राजकमल प्रकाशन प्राइवेट लिमिटेड, दिल्ली-110 002

**मुद्रक :** बी.के. ऑफसेट
नवीन शाहदरा, दिल्ली-110 032

Uttar Pradesh Ka Swatantrata Sangram : SHRAVASTI
*by* Pawan Bakhshi
*Executive Editor :* Dr. Anand Kumar Singh

अपनी बात

# सत्तावनी क्रांति के नायक चहलारी के राजा बलभद्र सिंह और वीरांगना रानी तुलसीपुर

लगभग तीस वर्ष पूर्व (संभवत: 1995-96) की बात है, मैं रेल द्वारा लखनऊ से तुलसीपुर आ रहा था। रेल की यात्रा में मेरे सामने की सीट पर बैठे एक सहयात्री के हाथ में आशा रानी वोहरा की लिखी एक पुस्तक थी, जिसका नाम था महिलाएँ और स्वराज्य। मैं उस पुस्तक को पढ़ना चाहता था, पर वो सज्जन स्वयं उसे पढ़ रहे थे अत: माँगना उचित नहीं था कुछ समय बाद मेरे वह सहयात्री महोदय नींद की आगोश में आने लगे तो मैंने उनसे वह पुस्तक माँगकर पढ़नी शुरू कर दी। मैंने मात्र दो घंटों में पूरी पुस्तक पढ़ डाली।

उस पुस्तक में जब मैंने रानी तुलसीपुर के बारे में पढ़ा कि उन्हें यहाँ की झाँसी की रानी के नाम से जाना जाता है, तो मैं बहुत ही आश्चर्यचकित रह गया। मुझे अपने पर गर्व सा होने लगा कि मेरी जन्मभूमि वही तुलसीपुर है जहाँ की रानी ने सत्तावनी क्रांति का अंतिम युद्ध इसी धरती पर लड़ा था।

मैंने स्वतंत्रता संग्राम पर बहुत सी किताबें पढ़ी हैं पर मैंने कहीं रानी तुलसीपुर के बारे में नहीं पढ़ा था यदि कुछ पढ़ा भी था तो केवल इतना ही कि वो बेगम हजरत महल के साथ नेपाल चली गई थीं। सत्तावनी क्रांति के अंतिम युद्ध की इस नायिका का इतिहास में कहीं उल्लेख नहीं। यह जानकर मुझे बहुत दु:ख हुआ।

उस पुस्तक में रानी तुलसीपुर के बारे में ज्यादा कुछ नहीं मात्र दो पृष्ठ लिखे थे, उन दो पृष्ठों ने मेरे मन-मस्तिष्क पर ऐसा गहरा प्रभाव डाला कि मेरे अंदर के खोजी प्रवृत्ति के लेखक ने ट्रेन में ही सौगन्ध खाई कि मैं उस वीरांगना के इतिहास की खोज में जी-जान लगा दूँगा। मुझे गर्व होने लगा कि मेरा जन्म उस धरती पर हुआ है जहाँ की वीरांगना ने अपना सब कुछ त्यागकर सत्तावनी क्रांति का अंतिम युद्ध लड़ा था। लगातार पाँच वर्ष तक

मैं उस वीरांगना के इतिहास की खोज करते हुए सामग्री संकलित करता रहा। आशा की एक किरण जहाँ भी दिखाई देती, मैं हर संभव वहाँ पहुँचने का प्रयास करता। पचपेड़वा से लेकर भिनगा (तुलसीपुर राज की सीमा अंतर्गत) तक के सैकड़ों गाँवों में घूमकर बुजुर्गों से कहानियाँ सुनता रहा। नेपाल अंतर्गत कई-कई मील पहाड़ों की थका देने वाली चढ़ान व उतरान के कारण कई बार मृत्युलोक जाने से बचा। तमाम पुस्तकालयों में जाकर सामग्री एकत्रित की। उन पाँच वर्षों के कठिन श्रम, समय और व्यय के पश्चात् जितनी सामग्री संकलित कर सका,उसे एक पुस्तक के माध्यम से सत्तावनी क्रांति के अंतिम युद्ध की नायिका वीरांगना ईश्वरी कुमारी (कहीं-कहीं इनका नाम ऐश्वर्य राजेश्वरी देवी भी लिखा गया है) रानी तुलसीपुर का परिचय नए जगत से कराने का प्रयास किया है।

मेरा सौभाग्य है कि जब सत्तावनी क्रांति की 150वीं जयंती मनाई जा रही थी तब मैं 'अवध के ताल्लुकेदार' पुस्तक लिख रहा था तब मुझे चहलारी के राजा बलभद्र सिंह के बारे में पता चला कि कैसे युद्ध में उनका सर तन से अलग हो जाने पर भी वे अंग्रेजों से लड़ते रहे। मेरे मन-मस्तिष्क पर इस घटना का बड़ा प्रभाव पड़ा।

मुझे प्रसन्नता है कि 'आजादी का अमृत महोत्सव' के अंतर्गत उत्तर प्रदेश के 75 जनपदों की पुस्तक प्रकाशन हेतु कार्य योजना में बलरामपुर के स्वतंत्रता संग्राम पर लिखने का दायित्व 'अयोध्या शोध संस्थान' द्वारा मुझे सौंपा गया है। इसके लिए मैं संस्थान का आभारी हूँ कि उन्होंने मुझे चहलारी के राजा के अतिरिक्त नवसृजित जनपद श्रावस्ती के अन्य वीरों और वीरांगनाओं के बलिदान की गाथाओं को प्रकाश में लाने का अवसर प्रदान किया है।

मैं श्री आदित्य भान सिंह जी (सत्तावनी क्रांति के नायक छह; आरी के राजा बलभद्र सिंह के वंशज) का आभारी हूँ जिन्होंने समय सीमा में मुझे स्वतंत्रता सेनानियों की सूची उपलब्ध कराकर मुझे सहयोग प्रदान किया।

भवदीय

**—पवन बख्शी**

द्वारा श्री टी.बी. लाल (पत्रकार)
पूरब टोला, बलरामपुर (उ.प्र) 271201

वर्तमान पता :
माइंड योग प्राण ध्यान केंद्र
ग्राम एवं पोस्ट जामना, जिला सिरमौर (हि.प्र.) 173029
मो.नं. एवं व्हाट्सएप नं. : 9532458399
ईमेल : pawanbakhshi56@gmail.com

# क्रम

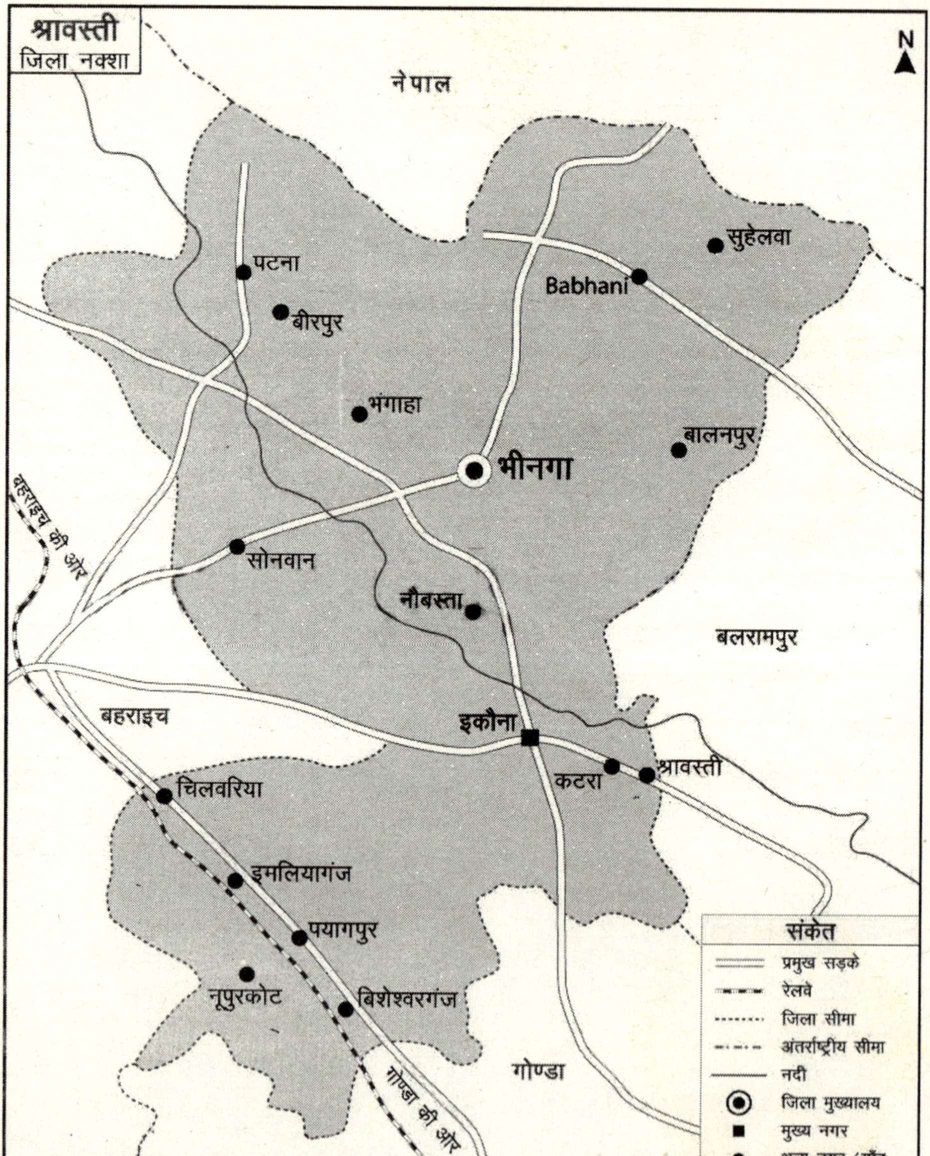

श्रावस्ती
जिला नक्शा
N
नेपाल
सुहेलवा
Babhani
पटना
बीरपुर
भंगाहा
बालनपुर
भीनगा
सोनवान
नौबस्ता
बलरामपुर
बहराइच की ओर
बहराइच
इकौना
कटरा
श्रावस्ती
चिलवरिया
इमलियागंज
पयागपुर
नूपुरकोट
बिशेश्वरगंज
गोण्डा
गोण्डा की ओर
संकेत
प्रमुख सड़के
रेलवे
जिला सीमा
अंतर्राष्ट्रीय सीमा
नदी
जिला मुख्यालय
मुख्य नगर
अन्य नगर/गाँव

अध्याय : 1

# श्रावस्ती जनपद का भौगोलिक संदर्भ

भारत के उत्तर प्रदेश राज्य के गोंडा-बहराइच जिलों की सीमा पर स्थित यह जैन और बौद्ध का तीर्थ स्थान है। गोंडा-बलरामपुर से 16 किमी. पश्चिम में आधुनिक 'सहेत-महेत' गाँव ही श्रावस्ती है। पहले यह कौशल देश की दूसरी राजधानी थी। ऐसी पौराणिक मान्यता है कि भगवान राम के पुत्र लव कुश ने इसे अपनी राजधानी बनाया था। श्रावस्ती बौद्ध-जैन दोनों का तीर्थ स्थान है, तथागत (बुद्ध) श्रावस्ती में रहे थे, यहाँ के श्रेष्ठी 'अनाथ पिंडक' ने भगवान बुद्ध के लिए 'जेतवन विहार' बनवाया था, आजकल यहाँ बौद्ध धर्मशाला, मठ और मंदिर है।

## प्राचीन नगर

यह कोसल जनपद का एक प्रमुख नगर था। यहाँ का दूसरा प्रसिद्ध नगर अयोध्या था। श्रावस्ती नगर अचिरावती नदी के तट पर बसा था, जिसकी पहचान आधुनिक राप्ती नदी से की जाती है। इस सरिता के तट पर स्थित आज का सहेत-महेत प्राचीन श्रावस्ती का प्रतिनिधि है। इस नगर का यह नाम क्यों पड़ा, इस संबंध में कई तरह के वर्णन मिलते हैं। बौद्ध धर्म-ग्रंथों के अनुसार इस समृद्ध नगर में दैनिक जीवन में काम आने वाली सभी छोटी-बड़ी चीजें बहुतायत में बड़ी सुविधा से मिल जाती थीं। यहाँ मनुष्यों के उपभोग-परिभोग की सभी वस्तुएँ सुलभ थीं; अत: इसे सावत्थी (सब्बं अत्थि) कहा जाता था। "यं किं च मनुस्सान उपभोग-परिभोगं सब्बं एत्थ अत्थीति सावत्थो।"[1]

## स्थिति

प्राचीन श्रावस्ती के अवशेष आधुनिक 'सहेत-महेत' नामक स्थानों पर प्राप्त हुए हैं। यह नगर $27^0 51'$ उत्तरी अक्षांश और $82^0 05'$ पूर्वी देशांतर पर स्थिर था। 'सहेत' का समीकरण 'जेतवन' से तथा 'महेत' का प्राचीन 'श्रावस्ती नगर' से किया गया है। प्राचीन टीला एवं भग्नावशेष गोंडा एवं बहराइच जिलों की सीमा पर बिखरे पड़े हैं, जहाँ बलरामपुर स्टेशन से पहुँचा जा सकता है। बहराइच एवं बलरामपुर से इसकी दूरी क्रमश: 44 एवं 16 किमी. है। आजकल 'सहेत' का भाग बहराइच जिले में और 'महेत' बलरामपुर जिले में पड़ता है। बलरामपुर-बहराइच मार्ग पर सड़क से 800 फुट की दूरी पर 'सहेत' स्थित है जबकि 'महेत' 500 मीटर की दूरी पर स्थित है।[2] विंसेंट स्मिथ ने सर्वप्रथम श्रावस्ती का समीकरण चरदा से किया था जो 'सहेत-महेत' से 40 मील उत्तर-पश्चिम में स्थित है। लेकिन जेतवन के उत्खनन से गोविंद चंद गहड़वाल के 1128 ई. के एक अभिलेख की प्राप्ति से इसका समीकरण 'सहेत-महेत' से निश्चित हो गया है।[3]

प्राचीन श्रावस्ती नगर अचिरावती नदी, जिसका आधुनिक नाम राप्ती है, के तट पर स्थित था। यह नदी नगर के समीप ही बहती थी। बौद्ध युग में यह नदी नगर को घेरकर बहती थी। बौद्ध साहित्य में श्रावस्ती का वर्णन कोसल जनपद की राजधानी और राजगृह से दक्षिण-पश्चिम में कालक और अस्सक तक जाने वाले राजमार्ग पर सावत्थी नामक दो महत्त्वपूर्ण पड़ावों के रूप में मिलता है।[4]

## बाउंडरी (चौहद्‌दी)

श्रावस्ती जिले की सीमा नेपाल से लगती है।

उत्तर में—नेपाल

दक्षिण में—गोंडा जिला और बहराइच जिला

पूरब में—बलरामपुर जिला

पश्चिम में—बहराइच जिला

## समुद्र तल से ऊँचाई

श्रावस्ती जिला मुख्यालय भिनगा समुद्र तल से लगभग 120 मीटर (394 फीट) की औसत ऊँचाई पर स्थित है।

## क्षेत्रफल

श्रावस्ती जिले का भौगोलिक क्षेत्रफल 1640 वर्ग किमी. है।

## प्रमुख नदियाँ

श्रावस्ती राप्ती नदी के तट पर स्थित है।

जिले की प्रमुख नदियाँ हैं—राप्ती और कुआनो।

अर्थव्यवस्था—कृषि, उद्योग और उत्पाद

श्रावस्ती जिले की अर्थव्यवस्था कृषि, पशुपालन, मछली पालन, वन, खनिज, उद्योग और व्यवसाय पर आधारित है।

## कृषि

जिले की अर्थव्यवस्था मुख्य रूप से कृषि पर आधारित है। यहाँ उगाए जाने वाले प्रमुख फसल हैं : धान, मक्का, गेहूँ, ज्वार, दलहन (मसूर और मटर), तिलहन, गन्ना और सब्जियाँ। जिले में उगाए जाने वाले प्रमुख फल हैं : आम, अमरूद, नीबू, कटहल, पपीता और केला।

## पशुपालन

ग्रामीण क्षेत्रों में पशुपालन जिले के लोगों के लिए आय का एक महत्त्वपूर्ण जरिया है। जिले के प्रमुख पशु धन हैं : गाय, बैल, भैंस, सूअर, भेड़, बकरी और पोल्ट्री।

## मछली पालन

जिले के नदियों, नहरों, तालाबों, टैंकों और जलाशयों से विभिन्न प्रकार के मछली का उत्पादन किया जाता है।

## वन

जिले में पाए जाने वाले प्रमुख वन उत्पाद हैं : साल, शीशम, जामुन, हल्दु, सेमल, महुआ, खैर, बेल, टीक, जड़ी-बूटी, बाँस, गोंद, शहद, फूल और फल।

## उद्योग

श्रावस्ती जिले में बड़े उद्योग का अभाव है। जिले में कृषि आधारित लघु औद्योगिक इकाइयाँ कार्यरत हैं। जिले के प्रमुख औद्योगिक उत्पाद हैं : वनस्पति तेल, आटा, मैदा, बेसन, प्लाईवुड, फर्नीचर और फुटवियर।

## व्यवसाय

श्रावस्ती जिला वन उत्पादों, कृषि उत्पादों और अनाज का व्यापार केंद्र है।

## प्रशासनिक व्यवस्था

प्रमंडल : देवीपाटन

प्रशासनिक सहूलियत के लिए इस जिले को 3 तहसीलों (अनु मंडल) और 5 विकास खंडों (प्रखंड/ ब्लॉक) में बाँटा गया है।

तहसील (अनु मंडल) :

जिले को कुल 3 तहसीलों में बाँटा गया है :

जमुनहा, भिनगा और इकौना।

विकास खंड (प्रखंड) :

श्रावस्ती जिले को 5 विकास खंडों (प्रखंडों) में बाँटा गया है—

सिरसिया, हरिहरपुर रानी, जमुनहा, गिलौला और इकौना।

| | | |
|---|---|---|
| पुलिस थानों की संख्या | : | 7 |
| नगर पंचायतों की संख्या | : | 2 |
| ग्राम पंचायतों की संख्या | : | 400 |
| गाँवों की संख्या | : | 541 |

## निर्वाचन क्षेत्र

लोकसभा निर्वाचन क्षेत्र : 1, श्रावस्ती

विधानसभा निर्वाचन क्षेत्र : 2

श्रावस्ती जिले के अंतर्गत कुल 2 विधानसभा निर्वाचन क्षेत्र आते हैं : भिनगा और श्रावस्ती।

## श्रावस्ती जिले की डेमोग्राफिक्स (जनसांख्यिकी)

2011 के आधिकारिक जनगणना के अनुसार, श्रावस्ती जिले की जनसांख्यिकी इस प्रकार है—

कुल जनसंख्या : 11.17 लाख

| | | |
|---|---|---|
| पुरुष | : | 5.93 लाख |
| महिला | : | 5.23 लाख |
| जनसंख्या वृद्धि (दशकीय) | : | 5.02 प्रतिशत |
| जनसंख्या घनत्व (प्रति वर्ग किमी.) | : | 681 |
| उत्तर प्रदेश की जनसंख्या में अनुपात | : | 0.56 प्रतिशत |
| लिंगानुपात (महिलाएँ प्रति 1000 पुरुष) | : | 881 |
| औसत साक्षरता | : | 46.74 प्रतिशत |
| पुरुष साक्षरता | : | 57.16 प्रतिशत |
| महिला साक्षरता | : | 34.78 प्रतिशत |
| शहरी और ग्रामीण जनसंख्या— | | |
| शहरी जनसंख्या | : | 3.46 प्रतिशत |
| ग्रामीण जनसंख्या | : | 96.54 प्रतिशत |

## धार्मिक जनसंख्या

2011 के आधिकारिक जनगणना के अनुसार, श्रावस्ती एक हिंदू बहुसंख्यक जिला है। जिले में हिंदुओं की जनसंख्या 68.79 प्रतिशत है, जबकि मुस्लिमों की आबादी 30.79 प्रतिशत है। अन्य धर्मों की बात करें तो जिले में ईसाई 0.13 प्रतिशत, सिख 0.04 प्रतिशत, बौद्ध 0.03 प्रतिशत, जैन 0.01 प्रतिशत और अन्य 0.01 प्रतिशत हैं।

## भाषाएँ

जिले में बोली जाने वाली प्रमुख भाषाएँ हैं : हिंदी और उर्दू।

## श्रावस्ती जिला के आकर्षक स्थल

इस जिले में पौराणिक, धार्मिक, पुरातात्त्विक और ऐतिहासिक दृष्टिकोण से महत्त्वपूर्ण कई दर्शनीय स्थल हैं। जिले में स्थित प्रमुख दर्शनीय स्थलों के बारे में संक्षिप्त विवरण :

## सहेत-महेत

श्रावस्ती जिले के मध्य में बौद्ध धर्म से संबंधित धार्मिक स्थलों (मठ, मंदिर और स्तूप) के अवशेष मिले हैं जिन्हें सहेत-महेत के नाम से जाना जाता है। इनमें से अधिकांश स्तूप कुषाण काल के हैं, जबकि मंदिरों की शैली गुप्त काल की है।

## पक्की कुटी

पक्की कुटी महेत क्षेत्र में पाए जाने वाले सबसे बड़े टीलों में से एक है। इसकी पहचान अंगुलिमाल के स्तूप के अवशेष के रूप में की गई है। ऐसी मान्यता है कि इस स्तूप को अंगुलिमाल ने भगवान गौतम बुद्ध के लिए बनवाया था। अंगुलिमाल एक खूँखार डाकू था जिसे भगवान बुद्ध ने ज्ञान देकर अपना शिष्य बना लिया था। भगवान बुध से ज्ञान प्राप्ति के बाद अंगुलिमाल डाकू ने बुराई के रास्ते को छोड़कर अपना जीवन समाज सेवा में समर्पित कर दिया था।

## कच्ची कुटी

कच्ची कुटी महेत क्षेत्र में खुदाई के दौरान मिले महत्त्वपूर्ण पुरातात्त्विक टीलों में से एक है।

## विपश्यना ध्यान केंद्र

यह प्रसिद्ध ध्यान केंद्र जेतवन पुरातत्त्व पार्क के नजदीक बुद्ध इंटर कॉलेज के सामने स्टेट हाइवे 26 पर स्थित है।

## विभूति नाथ मंदिर

भगवान शिव को समर्पित यह प्रसिद्ध मंदिर जिला मुख्यालय के उत्तर में सिरसिया विकासखंड में स्थित है।

## सुहेलदेव वन्यजीव अभयारण्य

लगभग 452 वर्ग किमी. में फैला यह वन्यजीव अभयारण्य बलरामपुर और श्रावस्ती जिले में भारत-नेपाल सीमा पर स्थित है।

यहाँ आप बाघ, लकड़बग्घा, चीता, भालू, जंगली सूअर, अजगर, बंदर, लंगूर और विभिन्न प्रकार के पक्षियों को देख सकते हैं—

## श्रावस्ती कैसे पहुँचें?

**हवाई मार्ग—**इस जिले का अपना हवाई अड्डा नहीं है। यहाँ के लिए डायरेक्ट हवाई सेवा उपलब्ध नहीं है। निकटतम हवाई अड्डा : चौधरी चरण सिंह इंटरनेशनल एयरपोर्ट, लखनऊ।

यह हवाई अड्डा श्रावस्ती से लगभग 172 किमी. की दूरी पर लखनऊ में स्थित है।

**रेल मार्ग—**निकटतम रेलवे स्टेशन : बलरामपुर रेलवे स्टेशन, गोंडा जंक्शन रेलवे स्टेशन।

**सड़क मार्ग—**यह जिला सड़क मार्ग से उत्तर प्रदेश और देश के प्रमुख शहरों से अच्छे से जुड़ा हुआ है। यहाँ के लिए नियमित बस सेवाएँ उपलब्ध हैं। आप यहाँ अपने निजी वाहन कार या बाइक से भी आ सकते हैं।

## श्रावस्ती जिले की कुछ रोचक बातें

2011 के जनगणना के अनुसार,

1. जनसंख्या की दृष्टि से उत्तर प्रदेश में 68वाँ स्थान है।
2. लिंगानुपात के मामले में उत्तर प्रदेश में 47वाँ स्थान है।
3. साक्षरता के मामले में उत्तर प्रदेश में 71वाँ स्थान है।
4. सबसे ज्यादा बसे गाँव वाला तहसील : भिनगा (283)
5. सबसे कम बसे गाँव वाला तहसील : इकौना (226)
6. जिले में कुल निर्जन गाँवों की संख्या : 32[5]

# श्रावस्ती नाम की उत्पत्ति

श्रावस्ती कोसल का एक प्रमुख नगर था। भगवान बुद्ध के जीवन काल में यह कोसल देश की राजधानी थी। इसे बुद्धकालीन भारत के छह महानगरों, चंपा, राजगृह, श्रावस्ती, साकेत, कौशांबी और वाराणसी में से एक माना जाता था। इसके नाम की व्युत्पत्ति के संबंध में कई मत प्रतिपादित है।

सावत्थी, संस्कृत श्रावस्ती का पालि और अर्द्ध मागधी रूप है। बौद्ध ग्रंथों में इस नगर के नाम की उत्पत्ति के विषय में एक अन्य उल्लेख भी मिलता है। इनके अनुसार सावत्थ (श्रावस्त) नामक एक ऋषि यहाँ पर रहते थे, जिनकी बड़ी ऊँची प्रतिष्ठा थी। इन्हीं के नाम के आधार पर इस नगर का नाम श्रावस्ती पड़ गया था।

## खत्ती, श्रावस्ती

पाणिनि (लगभग 500 ई. पूर्व) ने अपने प्रसिद्ध व्याकरण-ग्रंथ 'अष्टाध्यायी' में साफ लिखा है कि "स्थानों के नाम वहाँ रहने वाले किसी विशेष व्यक्ति के नाम के आधार पर पड़ जाते थे।"

महाभारत के अनुसार श्रावस्ती के नाम की उत्पत्ति का कारण कुछ दूसरा ही था। श्रावस्त नामक एक राजा हुए जो कि पृथु की छठी पीढ़ी में उत्पन्न हुए थे। वही इस नगर के जन्मदाता थे और उन्हीं के नाम के आधार पर इसका नाम श्रावस्ती पड़ गया था। पुराणों में श्रावस्तक नाम के स्थान पर श्रावस्त नाम मिलता है। महाभारत में उल्लिखित यह परम्परा उपर्युक्त अन्य परम्पराओं से कहीं अधिक प्राचीन है। अतएव उसी को प्रामाणिक मानना उचित बात होगी। बाद में चलकर कोसल की राजधानी, अयोध्या से हटाकर श्रावस्ती ला दी गई थी और यही नगर कोसल का सबसे प्रमुख नगर बन गया।

ब्राह्मण साहित्य, महाकाव्यों एवं पुराणों के अनुसार श्रावस्ती का नामकरण श्रावस्त या श्रावस्तक के नाम के आधार पर हुआ था। श्रावस्तक युवनाश्व का पुत्र था और पृथु की छठी पीढ़ी में उत्पन्न हुआ था।[6] वही इस नगर के जन्मदाता थे और उन्हीं के नाम के आधार पर इसका नाम श्रावस्ती पड़ गया था।

पुराणों में श्रावस्तक नाम के स्थान पर श्रावस्त नाम मिलता है।

महाभारत में उल्लिखित यह परम्परा उपर्युक्त अन्य परम्पराओं से कहीं अधिक प्राचीन है। अतएव उसी को प्रामाणिक मानना उचित बात होगी।

मत्स्य एवं ब्रह्म पुराणों में इस नगर के संस्थापक का नाम श्रावस्तक के स्थान पर श्रावस्त मिलता है।[7] बाद में चलकर कोसल की राजधानी, अयोध्या से हटाकर श्रावस्ती ला दी गई थी और यही नगर कोसल का सबसे प्रमुख नगर बन गया।

एक बौद्ध ग्रंथ के अनुसार, वहाँ 57 हजार कुल रहते थे और कोसल नरेशों की आमदनी सबसे ज्यादा इसी नगर से हुआ करती थी। गौतम बुद्ध के समय में भारतवर्ष के 6 बड़े नगरों में श्रावस्ती की गणना हुआ करती थी। यह चौड़ी और गहरी खाई से घिरा हुआ था। इसके अतिरिक्त इसके इर्द-गिर्द एक सुरक्षा-दीवार भी थी, जिसमें हर दिशा में दरवाजे बने हुए थे। हमारी प्राचीन कला में श्रावस्ती के दरवाजों का अंकन हुआ है। उससे ज्ञात होता है कि वे काफी चौड़े थे और उनसे कई बड़ी सवारियाँ एक ही साथ बाहर निकल सकती थीं। कोसल के नरेश बहुत सज-धजकर बड़े हाथियों की पीठ पर कसे हुए चाँदी या सोने के हौदों में बैठकर बड़े ही शान के साथ बाहर निकला करते थे।[8]

चीनी यात्री फाहियान और ह्वेनसांग ने भी श्रावस्ती के दरवाजों का उल्लेख किया है। श्रावस्ती एक समृद्ध, जनाकीर्ण और व्यापारिक महत्त्व वाली नगरी थी। यहाँ मनुष्यों के उपभोग-परिभोग की सभी वस्तुएँ सुलभ थीं अत: इसे सावत्थी कहा जाता था।[9]

पहले यह केवल एक धार्मिक स्थान था, किंतु कालांतर में इस नगर का समुत्कर्ष हुआ। जैन साहित्य में इसके लिए 'चंद्रपुरी' तथा 'चंद्रिका पुरी' नाम भी मिलते हैं।

महाकाव्यों एवं पुराणों में श्रावस्ती को राम के पुत्र लव की राजधानी बताया गया है।

कालिदास ने इसे 'शरावती' नाम से अभिहित किया है। उच्चारण संबंधी समानता के आधार पर 'श्रावस्ती' और 'शरावती' दोनों एक ही प्रतीत होते हैं और एक निश्चित स्थान की तरफ इंगित भी करते हैं।

श्रावस्ती न केवल बौद्ध और जैन धर्मों का एक महत्त्वपूर्ण केंद्र था अपितु यह ब्राह्मण धर्म एवं वेद विद्या का भी एक महत्त्वपूर्ण केंद्र था। यहाँ वैदिक शिक्षा केंद्र के कुलपति के रूप में 'जानुस्सोणि' का नामोल्लेख मिलता है।[10]

## जनपद श्रावस्ती

भगवान बुद्ध के जीवन काल में यह कोसल देश की राजधानी थी। इसे बुद्धकालीन भारत के 6 महानगरों चंपा, राजगृह, श्रावस्ती, साकेत, कौशांबी और वाराणसी में से एक माना जाता था। महाकाव्यों एवं पुराणों में श्रावस्ती को राम के पुत्र लव की राजधानी बताया गया

है। चीनी यात्री फाहियान और ह्वेनसांग ने भी श्रावस्ती के दरवाजों का उल्लेख किया है। श्रावस्ती से भगवान बुद्ध के जीवन और कार्यों का विशेष संबंध था। उल्लेखनीय है कि बुद्ध ने अपने जीवन के अंतिम पचीस वर्षों के वर्षावास श्रावस्ती में ही व्यतीत किए थे और निर्वाण प्राप्त किया था। बौद्ध धर्म के प्रचार की दृष्टि से भी श्रावस्ती का महत्त्वपूर्ण स्थान था।

श्रावस्ती का प्रागैतिहासिक काल का कोई प्रमाण नहीं मिला है। शिवालिक पर्वत शृंखला की तराई में स्थित यह क्षेत्र सघन वन व औषधियों वनस्पतियों से आच्छादित था। शीशम के कोमल पत्तों, कचनार के रक्ताभ पुष्ट व सेमल के लाल प्रसूत की बाँसती आभा से आपूरित यह वन खंड प्राकृतिक शोभा से परिपूर्ण रहता था। श्रावस्ती के प्राचीन इतिहास को प्रकाश में लाने के लिए प्रथम प्रयास जनरल कनिंघम द्वारा किया। उन्होंने वर्ष 1863 में उत्खनन प्रारंभ करके लगभग एक वर्ष के कार्य में जेतवन का थोड़ा भाग साफ कराया था जिसमें उनको बोधिसत्व की 7 फुट 4 इंच ऊँची प्रतिमा प्राप्त हुई, जिस पर अंकित लेख में इसका श्रावस्ती बिहार में स्थापित होने का पता चलता है।

प्राचीन श्रावस्ती को नगर सहेत-महेत, ओड़ाझार, पनहियाझार एवं खडहुवाझार आदि प्राच्य स्थलों के समूह पहचाना गया है जो $27^{0}31$ उत्तर अक्षांश एवं $82^{0}2'$ पूर्व देशांतर के बीच उत्तर प्रदेश के नवनिर्मित श्रावस्ती तथा अंशतः बलरामपुर जनपद के अंतर्गत आते हैं। इसके प्राचीनतम संदर्भ रामायण और महाभारत प्रभृत महाकाव्यों में कोसल की समृद्ध राजधानी के रूप में प्राप्त होते हैं। पुराणों में इसे उत्तर कोसल की राजधानी कहा गया है।

सूर्यवंशी राजा श्रावस्त के नाम पर थी। बौद्ध धर्म क आधारित है जिनको इस नगर की स्थापना और सुमन के नाम से श्रेय दिया जाता है। परवर्ती कालों में इसे चंद्रिकापुरी और चंपकपुरी' नामों से भी अभिहित किया गया। चीनी यात्री फाहियान के आरंभिक जीवन की विस्तृत जानकारी नहीं है। चीनी भाषा में फा का अर्थ धर्म और हियान का अर्थ आचार्य अथवा रक्षक होता है। अतः फाहियान का अर्थ धर्मगुरु या धर्माचार्य। इसका मूल नाम 'कुंग' था तथा फाहियान इसकी उपाधि थी। उसने बौद्ध धर्म की देखा लेकर 'त्रिपिटक' के अध्ययन के लिए चार अन्य भिक्षुओं के साथ 399 ई. में भारत के लिए प्रस्थान किया। मार्ग में अनेक कठिनाइयाँ झेलते हुए यह गांधार-पेशावर मार्ग से भारत पहुँचा। यहाँ मथुरा, संकाश्य, कन्नौज, श्रावस्ती, कपिलवस्तु, कुशीनगर, वैशाली पाटलिपुत्र, काशी आदि नगरों में भ्रमण करते हुए ताम्रलिप्ति के बंदरगाह पर पहुँचा। वहाँ से 14 दिन की समुद्री यात्रा के बाद वह सिंहल द्वीप पहुँचा, फिर वहाँ से 10 दिन की

संकटपूर्ण यात्रा के बाद वह जावा गया। उसके पश्चात् वहाँ से अपने देश लौट गया। कुल मिलाकर उसकी यात्रा में पंद्रह वर्ष लगे।

फाहियान के यात्रा-विवरण से गुप्तकालीन भारत के बारे में महत्त्वपूर्ण जानकारी मिलती है। वह लिखता है कि मध्य देश की प्रजा शुद्धाचारी और धर्मनिष्ठ है। सारे देश में सिवाय चांडाल के कोई अधिवासी न जीव हिंसा करता है, न मांस खाता है, न मदिरा पीता है और न लहसुन-प्याज खाता है। चांडाल नगर के बाहर रहते हैं और जब वे नगर में प्रवेश करते हैं तो सूचना के लिए लकड़ी बजाते चलते हैं ताकि लोग अपने को बचाकर चलें, उनसे छू न जाएँ। जनपद में सूअर और मुर्गी नहीं पालते, न मारने के लिए पशु बेचते हैं, न कहीं वधशालाएँ हैं और न मदिरा की दुकानें।

चीनी यात्री फाहियान और ताओ चेन बौद्ध-तीर्थों के यात्रा-प्रसंग में कोसल प्रदेश के श्रावस्ती नगर में पहुँचे। अपने यात्रा-वृत्तांत में उन्होंने लिखा है कि इस नगर की आबादी बहुत कम है। केवल 200 परिवार रहते हैं। यह प्रसेनजित् के राज्य में था। बाद में इस नगर में महा प्रजापति के विहार के खँडहरों में श्रेष्ठी सुदत्त के घर तथा उन स्थानों पर जहाँ अंगुलिमाल साधु बने थे और निर्वाण के पश्चात् जिन्हें जलाया गया था, उन तमाम स्थानों पर इस नगर में स्तूप बनाए गए। धर्म-विरोधी ब्राह्मणों ने द्वेष से इन स्तूपों को नष्ट करने की योजना बनाई किंतु बादल तेजी से गरजने लगे और बिजली कड़कड़ाने लगी। इस तरह उनकी योजना मिट्टी में मिल गई।

इस नगर के दक्षिणी द्वार से 1200 कदम दूर और सड़क के पश्चिमी पार्श्व में श्रेष्ठी सुदत्त ने एक मंदिर का निर्माण किया था। इसका द्वार पूर्व की ओर झाँकता है। इसमें दो कक्ष हैं। सामने दो पत्थर के खंभे खड़े हुए हैं। बाएँ खंभे के शीर्ष पर एक चक्र बना हुआ है और दाहिने खंभे के शीर्ष पर एक वृषभ। तालाब का पानी स्वच्छ है और वृक्ष और पौधे फलों से लदे हुए हैं। विभिन्न रंगों के फूलों से यहाँ का दृश्य मनोहर बन गया है। इस स्थान को जेतवन का आश्रम कहते हैं।

जब बुद्ध अपनी माता को धर्म का उपदेश देने के लिए 10 दिन के लिए स्वर्ग चले गए थे तब महाराज प्रसेनजित् ने उनकी मुखाकृति देखने की इच्छा से उनकी चंदन की प्रतिमा बनवाई और उसे उस स्थान पर स्थापित कर दिया, जहाँ बुद्ध प्राय: बैठा करते थे। जब बुद्ध इस आश्रम को लौटे तब यह मूर्ति अपने स्थान को छोड़कर उनका स्वागत करने गई। बुद्ध बोले, 'तुम यहीं रहो। मेरे निर्वाण के पश्चात् तुम मेरी आकृति के रूप में यहीं रहोगी जिसे देखकर चारों प्रकार के मेरे शिष्य आकृतियाँ बनाएँगे। यह सुनकर यह मूर्ति अपने स्थान को लौट आई। बुद्ध की यह सर्वप्रथम मूर्ति थी। बाद में इसकी नकल की गई।

इसके पश्चात् बुद्ध दक्षिण की ओर एक छोटे से निवास स्थान पर गए। यह स्थान इस मूर्ति से 20 कदम दूर है।

जेतवन आश्रम प्रारंभ में सात मंजिल का था और कई देशों के शासक और प्रजा जन यहाँ पर भेंट चढ़ाने में, रेशम के ध्वज और चढ़ावा लटकाने में, फूलों की वर्षा करने और अक्षुण्ण दीप जलाने में प्रतिस्पर्धा किया करते थे। एक बार एक चूहा एक दीपक की बत्ती अपने मुँह में घसीटकर ले गया और फूलों, ध्वज और चँदोवों में आग लगा दी। सात मंजिलों का यह आश्रम जलकर राख हो गया। तमाम देशों में शासकों तथा प्रजा जनों ने अत्यधिक दुःख मनाया क्योंकि वे सोचते थे कि चंदन की वह मूर्ति जल गई होगी। किंतु 4 व 5 दिन बाद जब उन्होंने पूर्व वाले छोटे घर का दरवाजा खोला तो वह मूर्ति को बिना आँच आए हुए देखकर आश्चर्यचकित रह गए और फूले न समाए। उन्होंने मिलकर दो मंजिल वाले आश्रम को बनाया और मूर्ति को अपने मूल स्थान पर स्थापित कर दिया।

जेतवन आश्रम में पहुँचकर फाहियान और ताओ चेन ने विचार किया कि तथागत ने यहाँ पर 25 वर्ष तक धर्म का उपदेश दिया था। उन्हें एक बहुत दूर देश में पैदा होने के लिए दुःख हुआ। उनके मित्रों में से, जो उनके साथ कई देशों में यात्रा करते रहे थे, कुछ अपने घर को लौट चुके थे और कुछ देह त्याग चुके थे जब उन्होंने उन स्थानों को देखा जहाँ बुद्ध अब कहीं न दिखाई देते थे तो उनका हृदय दुःख से भर आया।

उनसे पूछने के लिए कुछ भिक्षु बाहर आए। उन्होंने पूछा, "आप कहाँ से आए हैं?" फाहियान और ताओ-चेन ने उत्तर दिया, "हम चीन से आए हैं।" भिक्षु आश्चर्य से बोले, "धन्य! धन्य ये लोग धर्म की तलाश में इतने दूर देश से आए हैं।" और उन्होंने फिर आपस में कहा, "हमारे शिक्षकों ने भी अभी तक चीनी भिक्षुओं को नहीं देखा था।"[11]

## ह्वेनसांग का श्रावस्ती (शीलो फुशीटी) भ्रमण

चीनी यात्री ह्वेनसांग का जन्म 605 ई. में चीन के हीनान फू प्रदेश में हुआ। अपने बड़े भाई का अनुसरण करते हुए वह भी बौद्ध भिक्षु बन गया और भारत दर्शन की लालसा से 24 वर्ष की अवस्था में 629 ई. में वह यात्रा पर निकल पड़ा। मार्ग में कठिनाइयाँ झेलते हुए वह गोबी के मरुस्थल तक पहुँचा जहाँ उसके दो साथी साथ छोड़कर यात्रा से भयभीत होकर वापस चले गए किंतु ह्वेनसांग ने हिम्मत न हारी। पेशावर और तक्षशिला

होते हुए वह कश्मीर पहुँचा जहाँ वह दो वर्ष तक ठहरा, फिर थानेश्वर, मथुरा होते हुए कन्नौज आया जहाँ हर्ष ने उसकी बड़ी आवभगत की। कन्नौज से वह अयोध्या, प्रयाग, कौशांबी, कपिलवस्तु, कुशीनगर, वाराणसी, पाटलिपुत्र, गया तथा राजगृह होते हुए नालंदा आया। वहाँ दो वर्षों तक रुककर उसने संस्कृत और बौद्ध ग्रंथों का अध्ययन किया। भारत यात्रा में 16 वर्ष व्यतीत कर वह आसाम, उड़ीसा, कांचीपुरम् होते हुए 645 ई. में स्वदेश लौट गया। वह भारत से 657 पुस्तकें अपने साथ ले गया। 664 ई. में उसकी मृत्यु हो गई। ह्वेनसांग का भारत भ्रमण वृत्तांत भारत के तत्कालीन इतिहास की अमूल्य निधि है।

श्रावस्ती भ्रमण के बारे में उसने लिखा है कि—श्रावस्ती राज्य का क्षेत्रफल 1640 वर्ग किमी. है। मुख्य नगर उजाड़ और जन शून्य हो रहा है। इसका क्षेत्रफल कितना था यह निश्चय नहीं हो सकता, परंतु राजभवन की दीवारें जो उसकी सीमा को घेरे हुए थीं और अब टूट-फूट गई हैं उनसे निश्चय होता है कि राजभवन का क्षेत्रफल 20 वर्ग किमी. के लगभग था। यद्यपि नगर एक प्रकार से उजाड़ और जन शून्य है तो भी थोड़े से निवासी अब भी हैं। अन्नादि की उपज अच्छी होती है। प्रकृति उत्तम और स्वभावानुकूल है तथा मनुष्य शुद्ध आचरण वाले और धर्मनिष्ठ हैं। यहाँ के लोग विद्याभ्यास और धर्म-कर्म में दत्तचित्त हैं। कई सौ संघाराम हैं जो अधिकतर उजाड़ हैं, तथा बहुत थोड़े लोग अनुयायी होकर सम्मतीय संस्था का अध्ययन करते हैं। देव मंदिर 100 हैं जिसमें असंख्य विरुद्ध धर्मावलंबी उपासना करते हैं। भगवान तथागत के समय में प्रसेनजित् राजा इस प्रदेश का स्वामी था।

प्राचीन राजधानी के अंतर्गत प्रसेनजित् राजा के निवास भवन इत्यादि की थोड़ी-बहुत नींव अब तक है, तथा इसके निकट ही एक भग्न स्थान के ऊपर एक छोटा-सा स्तूप बना हुआ है। पहले इस भग्न स्थान पर प्रसेनजित् राजा ने भगवान बुद्धदेव के लिए सद्धर्म महाशाला नामक विशाल भवन बनवाया था। कालांतर में उस भवन के धराशायी हो जाने पर स्तूप स्मारक स्वरूप बना दिया गया है।

इस स्थान के निकट ही एक और भग्नावशेष पर छोटा सा स्तूप बना हुआ है। यह वह स्थान है जहाँ पर प्रसेनजित् राजा ने बुद्धदेव की चाची 'प्रजापति' भिक्षुणी के रहने के लिए विहार बनवाया था। इसके पूर्व में भी एक और स्तूप उस स्थान पर बना है वहाँ पर सुदत्त का निवास भवन था। सुदत्त के मकान के निकट ही एक और स्तूप उस स्थान पर बना हुआ है जहाँ पर अंगुलिमाल ने अपने विरुद्ध धर्म का परित्याग करके बौद्ध धर्म को अंगीकार किया था।[12]

# श्रावस्ती और अंगुलिमाल

श्रावस्ती में उस समय राजा प्रसेनजित् का राज्य था। इसी नगर के उत्तर की ओर कुछ ही दूरी पर एक गरीब ब्राह्मणी अपने माणवक लोक दर्शनीय नामक पुत्र के साथ रहती थी। उस बालक का जब शिक्षा का समय आया तो उसकी माँ ने इसी राज्य के ग्राम हलहसे के ही निवासी आचार्य मणिभद्र जो चारों वेदों के ज्ञाता थे, उनके पास वेद का अध्ययन करने के लिए भेजा। कुछ दिन विद्याध्ययन कराने के बाद एक दिन आचार्य मणिभद्र अपने शिष्य माणवक लोक दर्शनीय से गृह रक्षा करने के लिए कहकर बाहर चले गए।

आचार्य के घर से बाहर चले जाने पर उनकी युवा पत्नी जो पहले से ही माणवक लोक दर्शनीय से मन-ही-मन प्रेम करती थी। वह अपने कपड़े व जेवर को उतारकर नग्न अवस्था में उसके पास गई। गुरु पत्नी को नग्न अवस्था में सामने देखकर माणवक ने कहा कि आप मेरी माँ की तरह है। इसलिए आप अपने कपड़े पहनकर अंदर चली जाएँ। लेकिन कामवासना से पीड़ित गुरु पत्नी ने अपने ही नाखून से अपने शरीर को नोच डाला। इसके साथ ही अपने आपको नग्न अवस्था में ही घर के एक खंभे से बाँध लिया।

जब आचार्य राजमहल से घर वापस आए तो अपनी पत्नी की यह हालत देखकर रस्सी को खोलकर इसका कारण पूछा। इस पर गुरु पत्नी ने कहा आपके शिष्य माणवक लोक दर्शनीय ने मुझसे गलत कार्य करने के लिए कहा और मैंने इनकार किया, तो उसने मुझे जबरदस्ती खंभे से बाँध दिया। आचार्य मणिभद्र दुखी हुए और कहा कि दुरात्मा, तुमने गुरु पत्नी से अनुचित व्यवहार कर महा अपराध किया है। अब तुममें ब्राह्मण पुत्र कहलाने की योग्यता नहीं है। इसलिए जाओ और एक हजार व्यक्तियों की हत्या कर डालो, तब तुम्हारे सब पाप धुल जाएँगे।

गुरु मणिभद्र के आदेश पर वह श्रावस्ती के जंगल में जाकर लोगों की हत्याएँ करने लगा। यही नहीं आचार्य मणिभद्र के कहने पर ही वह जिनकी हत्याएँ करता था उनकी उँगलियाँ काटकर उसको मालाओं में पिरो लेता था, ताकि उँगलियाँ गायब न हों। आचार्य मणिभद्र ने ही उसे अंगुलिमाल का नाम दिया था। उसने गुरु के ही कहने पर 99 लोगों की हत्याएँ की थीं, लेकिन लूटपाट किसी के साथ नहीं किया था।

इसी बीच भगवान् बुद्ध श्रावस्ती में अपना वर्षावास करने के लिए आए थे। आम लोगों ने उनसे अंगुलिमाल से मुक्ति दिलाने का अनुरोध किया। आम लोगों के अनुरोध

पर भगवान् बुद्ध श्रावस्ती जंगल की ओर चल दिए जहाँ उसका आतंक था। वह जंगल में एक अशोक वृक्ष के नीचे बैठ गए। जैसे ही अंगुलिमाल ने तथागत गौतम बुद्ध को देखा उनकी ओर दौड़ा लेकिन वह उन तक पहुँच नहीं पाया। इस पर अंगुलिमाल ने बुद्ध से कर के रूप में उनसे एक उँगली माँगी। यहीं पर भगवान बुद्ध और अंगुलिमाल के बीच शास्त्रार्थ भी हुआ था। शास्त्रार्थ में हारने व भगवान बुद्ध का चमत्कार देख अंगुलिमाल बौद्ध भिक्षु बन गया।

अंगुलिमाल ने बुद्ध की स्मृति में श्रावस्ती में एक स्तूप भी बनवाया था। सन् 629 से 645 ई. तक के अपने भारत भ्रमण में चीनी यात्री ह्वेनसांग ने इस स्तूप को और अन्य स्तूपों को देखा था जो श्रावस्ती में उस समय मौजूद थे।[13]

## श्रावस्ती का सांस्कृतिक वैभव

श्रावस्ती के सांस्कृतिक वैभव को दर्शाने के लिए उगता भारत में प्रकाशित डॉ. प्रभात कुमार सिंघल लेख को उनके आभार सहित उद्धरित करना अनिवार्य समझता हूँ। अपने लेख में डॉ. सिंघल लिखते हैं कि श्रावस्ती प्राचीन काल से जैन और बौद्ध धर्म के लिए प्रसिद्ध तीर्थ स्थल रहा है। उत्तर प्रदेश में अयोध्या के समीप शिक्षा और संस्कृति का प्रसिद्ध केंद्र रहा है। इसकी पहचान विश्व के कोने-कोने में आज बौद्ध और जैन पर्यटक स्थल के रूप में है। प्राकृतिक, धार्मिक स्थलों और विभिन्न देशों की कला और संस्कृति को देखना, जानना और समझने के लिए श्रावस्ती पर्यटन का बेहतर विकल्प है।

भगवान बुद्ध के जीवन काल में यह कोसल देश की राजधानी थी। इसे बुद्धकालीन भारत के 06 महानगरों चंपा, राजगृह, श्रावस्ती, साकेत, कौशांबी ओर वाराणसी में से एक माना जाता था। महाकाव्यों एवं पुराणों में श्रावस्ती को राम के पुत्र लव की राजधानी बताया गया है। चीनी यात्री फाहियान और ह्वेनसांग ने भी श्रावस्ती के दरवाजों का उल्लेख किया है। श्रावस्ती से भगवान बुद्ध के जीवन और कार्यों का विशेष संबंध था। उल्लेखनीय है कि बुद्ध ने अपने जीवन के अंतिम पचीस वर्षों के वर्षावास श्रावस्ती में ही व्यतीत किए थे और निर्वाण प्राप्त किया था। बौद्ध धर्म के प्रचार की दृष्टि से भी श्रावस्ती का महत्त्वपूर्ण स्थान था।

श्रावस्ती का प्रागैतिहासिक काल का कोई प्रमाण नहीं मिला है। शिवालिक पर्वत शृंखला की तराई में स्थित यह क्षेत्र सघन वन व औषधियों-वनस्पतियों से आच्छादित

था। शीशम के कोमल पत्तों-कचनार के रकताभ पुष्ट व सेमल के लाल प्रसूत की बाँसती आभा से आपूरित यह वन खंड प्राकृतिक शोभा से परिपूर्ण रहता था। श्रावस्ती के प्राचीन इतिहास को प्रकाश में लाने के लिए प्रथम प्रयास जनरल कनिंघम द्वारा किया। उन्होंने वर्ष 1863 में उत्खनन प्रारंभ करके लगभग एक वर्ष के कार्य में जेतवन का थोड़ा भाग साफ कराया था जिसमें उनको बोधिसत्व की 7 फुट 4 इंच ऊँची प्रतिमा प्राप्त हुई, जिस पर अंकित लेख में इसका श्रावस्ती बिहार में स्थापित होने का पता चलता है।

जैन परम्परा के तीसरे तीर्थंकर भगवान संभव नाथ जी के गर्भ, जन्म, तप व कैवल्य ज्ञान कल्याणक स्थली तो है ही, यहीं पर इंद्रों द्वारा संभव नाथ भगवान का प्रथम समवसरण भी रचा गया था। यहाँ से दो मुनिराज श्री मृगध्वज एवं नागध्वज मोक्ष पधारे हैं अत: यह क्षेत्र सिद्ध क्षेत्र भी है। श्रावस्ती में जैन मतावलंबी भी रहते थे। इस धर्म के प्रवर्तक महावीर स्वामी यहाँ कई बार आए थे।

जैन साहित्य में श्रावस्ती को चंदपुरी तथा चंद्रिका पुरी नाम से भी उल्लिखित किया गया है। जैन धर्म के प्रचार केंद्र के रूप में यह विख्यात था। श्रावस्ती जैन धर्म के तीसरे तीर्थंकर संभव नाथ जी एवं आठवें तीर्थंकर चंद्रप्रभा नाथ की जन्म स्थली है। श्रावस्ती तीर्थ उत्तर प्रदेश के बलरामपुर-बहराइच रोड तहसील-इकौना में अवस्थित है।

सिद्ध क्षेत्र श्रावस्ती के प्रमुख दिगंबर जैन मंदिर में सम्मानित श्री संभव नाथ भगवान की पद्मासन मुद्रा में सफेद रंग की लगभग 105 सेमी. ऊँची प्रतिमा है। मूल नायक प्रतिमा के अतिरिक्त वेदी में कुछ और धातु की प्रतिमाएँ भी विराजमान हैं। महेत (प्राचीन महल के खँडहर) के प्रवेश द्वार के पास स्थित मंदिर को तीसरे जैन तीर्थंकर भगवान संभव नाथ का जन्मस्थान माना जाता है। मंदिर तीर्थ आयताकार मंच पर बनाया गया है जिसमें विभिन्न स्तर शामिल हैं। अपनी स्थापना के बाद से, मंदिर में कई परिवर्धन और विस्तार किए गए। जैन मंदिर का मुख्य आकर्षण गुंबद के आकार की छत है जो लखौरी ईंटों से बनी है। हालाँकि, बाद में मध्ययुगीन काल में गुंबद को जोड़ा गया था। मंदिर के आंतरिक भाग को देवी-देवताओं की छवियों से खूबसूरती से सजाया गया है। मंदिर के उत्तर-पश्चिम और दक्षिण-पश्चिम कोनों पर दो आयताकार कमरों के अवशेष हैं। श्रावस्ती के इस धार्मिक स्थल में जैन तीर्थंकरों की बैठी हुई और खड़ी मुद्राओं की मूर्तियाँ भी हैं जो खुदाई प्रक्रिया में बरामद हुई थी। श्रावस्ती तीर्थ के दिगंबर जैन मंदिर परिसर के बगल में ही श्वेतांबर जैन समाज का भी मंदिर बना हुआ है। इस प्रकार यह तीर्थ जैनियों का प्रमुख तीर्थ है। भगवान

संभव नाथ का समवसरण भी सर्वप्रथम यहीं रचा गया था, यहीं से उन्होंने धर्म तीर्थ का प्रवर्तन किया था।

सन् 1995 में यहाँ नवीन मंदिर का निर्माण भी हुआ है जिसमें सामने बीच की वेदी में भगवान संभव नाथ के अतिरिक्त दो पद्मासन तथा दो खड्गासन प्रतिमाएँ हैं तथा तीन ओर दीवार में चौबीस तीर्थंकरों की पद्मासन प्रतिमाएँ अलग-अलग वेदियों में विराजमान हैं। मंदिर का शिखर सुंदर नए ढंग का है जिसमें सबसे ऊपर चार दिशाओं में चार प्रतिमाएँ विराजमान हैं। श्रावस्ती कमेटी के कार्यकर्ताओं ने कई वर्षों के परिश्रम से इस विशाल जैन मंदिर का निर्माण कराया तथा मार्च 1995 में उसकी पंचकल्याणक प्रतिष्ठा सम्पन्न कराई।

यहाँ एक बहुत प्राचीन खँडहर है जो भगवान संभव नाथ की जन्म स्थली (महल) का प्रतीक माना जाता है। पुरातत्त्व विभाग के अधिकार में यह खँडहर है अत: इस स्थल पर कोई चरण पादुका आदि का निर्माण भी नहीं हो सका है, मात्र श्रद्धा वश जैन यात्री वहाँ जाकर टीले का दर्शन करते हैं और उसे संभव नाथ का प्राचीन महल मानकर मस्तक झुकाकर अपनी श्रद्धा प्रकट करते हैं। यहाँ जब कुछ वर्ष पूर्व उत्तर प्रदेश पुरातत्त्व विभाग द्वारा उस टीले की व्यापक स्तर पर खुदाई की गई, जहाँ से बड़ी संख्या में जैन तीर्थंकरों की एवं यक्ष-यक्षिणी की मूर्तियाँ प्राप्त हुईं जिन्हें संग्रहालय में स्थापित किया गया है।

श्रावस्ती शिक्षा का भी महान केंद्र रहा। यहाँ के महाश्रेष्ठि नंदिनी प्रिय, नाग दत्त आदि से जैन धर्म के अध्ययनार्थ श्रावस्ती में लोग दूर-दूर से आते थे। इसमें कश्यप के पुत्र कपिल एवं जैन विद्वान केशी के नाम विशेष रूप से उल्लेखनीय हैं। कार्तिक पूर्णिमा गंगा स्नान पर भगवान संभव नाथ के जन्मदिवस का विशेष आयोजन मेले के रूप में किया जाता है। इस अवसर पर रथ यात्रा होती है। चैत्र शुक्ल षष्ठी को श्री जी का निर्वाणोत्सव धूमधाम से मनाया जाता है। सर्वतोभद्र प्रतिमा के महामस्तकाभिषेक का पंचवर्षीय आयोजन किया जाता है। मंदिर परिसर में औषधालय एवं पुस्तकालय की सुविधाएँ हैं। प्रबन्ध व्यवस्था श्री दिगंबर जैन श्रावस्ती तीर्थ क्षेत्र कमेटी, श्रावस्ती द्वारा की जाती है।

अन्य पर्यटक स्थलों में कटरा श्रावस्ती में बौद्ध धर्म के अनुयायियों द्वारा बौद्ध मंदिरों का निर्माण कराया गया है। जिनमें वर्मा बौद्ध मंदिर, लंका बौद्ध मंदिर, चाइना मंदिर, दक्षिण कोरिया मंदिर के साथ-साथ थाई बौद्ध मंदिर है। थाईलैंड द्वारा डेनमहामंकोल मेडीटेशन सेंटर भी निर्मित कराया गया है जहाँ पर बड़ी संख्या में विदेशी पर्यटकों का आवागमन रहता है।[14]

## श्रावस्ती : श्रीवास्तव कायस्थों का मूल स्थान

कायस्थों के प्रमुख सात उप वर्गों में श्रीवास्तव सुप्रसिद्ध हैं। श्रीवास्तव नामकरण श्रावस्ती— वास्तव्य (श्रावस्ती-निवासी) होने के आधार पर उसी प्रकार प्रचलित हुआ जैसे मथुरा के कायस्थ माथुर, भट्ट नगर के भटनागर, संकाश्य के कायस्थ सक्सेना और गौड़ देश के कायस्थ गौड़ कहलाए। कोसल प्रदेश में राजधानी श्रावस्ती से संबंध होने के कारण वर्तमान गोंडा, बहराइच, बाराबंकी, फैजाबाद, बस्ती, गोरखपुर आदि जनपदों में श्रीवास्तव कायस्थों की बहुतायत है जो इस तथ्य की पुष्टि करती है कि श्रावस्ती श्रीवास्तव कायस्थों का मूल स्थान रहा है। इस तथ्य के समर्थन में पर्याप्त प्रमाण उपलब्ध हैं। श्रावस्ती के उत्खनन में सन् 1885 ई. में डॉ. होवी को एक प्राचीन विहार में विद्याधर कायस्थ का एक अभिलेख मिला। तत्पश्चात् 1909 ई. में सर जान मार्शल को श्रावस्ती की खुदाई में गहड़वाल नरेश गोविंद चंद्र का एक ताम्र लेख मिला जो सुरादित्य कायस्थ द्वारा लिखा गया था। श्रावस्ती को हर्षवर्धन के साम्राज्य के अंतर्गत एक प्रदेश (भुक्ति) का महत्त्व प्राप्त था। एक विशाल प्रदेश का मुख्यालय होने के कारण यहाँ एक सचिवालय की स्थिति अनिवार्यत: सिद्ध है। स्वाभाविक है कि कन्नौज साम्राज्य के अनेक अक्षपटलिक (लेखाकार) करणिक (लेखक) आदि श्रावस्ती में रहकर कार्य-संपादन करते रहे जो कालांतर में ठीक उसी प्रकार अपने को श्रीवास्तव कहने लगे जैसे वर्तमान शायर लखनवी, मुरादाबादी, गोंडवी आदि अपने परिचय को जोड़ देते हैं।[15]

### संदर्भ


1. प्रपंचसूदनी, भाग-1, पृ. 59-60
2. दि मेमोयर्स ऑफ द आर्कियोलॉजिकल सर्वे ऑफ इंडिया, भाग-50, दिल्ली, 1935 में उद्धृत विमल चरण लाहा का लेख 'श्रावस्ती इन इंडियन लिटरेचर', पृ. 1
3. आर्कियोलॉजिकल सर्वे ऑफ इंडिया एनुअल रिपोर्ट्स 1907-08, पृ. 131-32; विशुद्धानंद पाठक, हिस्ट्री ऑफ कोसल, मोती लाल बनारसीदास, वाराणसी, 1963 ई., पृ. 63
4. विमल चरण लाहा, प्राचीन भारत का ऐतिहासिक भूगोल, उत्तर प्रदेश हिंदी ग्रंथ अकादमी, लखनऊ, प्रथम संस्करण, 1972, पृ. 211
5. jankaritoday.com/श्रावस्ती जिले की जानकार/
6. विश्वगश्वा पृथो: पुत्र पुत्रस्तस्मादार्दश्चजज्ञिवान्। आर्द्रात्तु युवनाश्वस्तु श्रावस्तस्य तु चात्मज:॥ तस्य श्रावस्तको ज्ञेय श्रावस्ती येन निर्मित:। श्रावतस्य तु दायादो वृहदाश्वो महाबल:॥ महाभारत, आदिपर्व, अध्याय 201, श्लोक 3-4;

7. श्रावस्तश्च महातेजा वत्सकस्तत्सुतोऽभवत् निर्मिता येन श्रावस्ती गौडदेशे द्विजोत्तम्॥ मत्स्यपुराण, अध्याय 12, श्लोक 29;
8. हमारे पुराने नगर [लेखक : डॉ. उदय नारायण राय प्रकाशक : हिंदुस्तान एकेडेमी, इलाहाबाद, पृ. 43-46
9. सब्ब अत्थि
10. दीघनिकाय, (पालि टेक्स्ट सोसाइटी, लंदन), भाग-1, पृ. 235; सुमंगल विलासिनी, भाग-2, पृ. 399; मज्झिम निकाय, भाग-1, पृ. 16
11. कोसलपुरी श्रावस्ती, लेखक जगदेव सिंह, पृ. 185-87 से उद्धरित
12. वही, पृ. 189 से उद्धरित
13. चीनी यात्री फाहियान और ह्वेनसांग का श्रावस्ती वर्णन, पृ. 189
14. ugtabharat.com/59033/
15. कोसलपुरी श्रावस्ती, लेखक जगदेव सिंह, पृ. 163 से उद्धरित।

अध्याय : 2

# अंग्रेजी शासन से पूर्व श्रावस्ती जनपद की स्थिति

## कोसल प्रदेश

श्रावस्ती के प्रागैतिहासिक काल का कोई प्रमाण नहीं मिला है। शिवालिक पर्वत शृंखला की तराई में स्थित यह क्षेत्र सघन वन व औषधियों-वनस्पतियों से आच्छादित था। शीशम के कोमल पत्तों, कचनार के रक्ताभ पुष्प व सेमल के लाल प्रसून की बासंती आभा से आपूरित यह वन खंड प्राकृतिक शोभा से परिपूर्ण रहता था। यह भूमि पहाड़ी नालों के जल प्रवाह की कल-कल ध्वनि व पंछियों के कलरव से निनादित वन्य-प्राणियों की उत्तम शरण स्थली रही है। आदिम मानव इन सुरम्य जंगलों में पूर्णत: प्राकृतिक रूप से जीवनयापन करता था। सभ्यता के विकास के क्रम में इस क्षेत्र में मानवी समाज विकसित हुआ था। आदिम संस्कृति उत्तरोत्तर क्रमश: आर्य संस्कृति में परिवर्धित होती गई। उत्तरी भारत का प्रसिद्ध जनपद जिसकी राजधानी विश्व विश्रुत नगरी अयोध्या थी। उत्तर प्रदेश के फैजाबाद जिला, गोंडा और बहराइच के क्षेत्र शामिल थे। वाल्मीकि रामायण में इसका उल्लेख है :

*कोसलो नाम मुदित: स्फीतो जनपदो महान।*
*निविष्ट: सरयूतीरे प्रभूत धनधान्यवान्॥*

### रामायण काल

रामायण काल में कोसल राज्य की दक्षिणी सीमा पर वेदश्रुति नदी बहती थी। श्रीरामचंद्रजी ने अयोध्या से वन के लिए जाते समय गोमती नदी को पार करने के

पहले ही कोसल की सीमा को पार कर लिया था।[1] वेदश्रुति तथा गोमती पार करने का उल्लेख अयोध्याकांड में है और तत्पश्चात् स्यंदिका या सई नदी को पार करने के पश्चात् श्रीराम ने पीछे छूटे हुए अनेक जनपदों वाले तथा मनु द्वारा इक्ष्वाकु को दिए गए समृद्धिशाली (कोसल) राज्य की भूमि सीता को दिखाई। जान पड़ता है कि रामायण काल में ही यह देश दो जनपदों में विभक्त था—उत्तर कोसल और दक्षिण कोसल।

अवध प्रदेश का वर्तमान भूभाग पुरातन काल में कोसल के नाम से जाना जाता था। यद्यपि वेदों में कोसल शब्द नहीं आया है किंतु उत्तर वैदिक साहित्य के प्रमुख ग्रंथ 'शतपथ ब्राह्मण' में इसका उल्लेख हुआ है। अत: इसकी प्राचीनता असंदिग्ध है। हिमालय और गंगा तथा सरयू और गंडकी के मध्य स्थित भूभाग के लिए कोसल से प्राचीनतर अन्य कोई नाम उपलब्ध नहीं होता। भौगोलिक संरचना की दृष्टि से आर्यावर्त (उत्तर भारत) का मध्य देश (हृदय प्रदेश) कोसल समूचे भारत का सर्वोत्तम प्रदेश है। मध्यवर्ती होने के नाते सुरक्षा की दृष्टि से गंगा, यमुना, गोमती, सरयू, अचिरावती (राप्ती) और सदानीरा (गंडकी) नदियों से अभिसिंचित दोमट मिट्टी वाली इसकी धरती उर्वरता की दृष्टि से तथा सघन वनराजि से संरक्षित इसका विशाल उपत्यका क्षेत्र पर्यावरण की दृष्टि से विश्व में बेजोड़ है।

कोश से लालित अर्थात् धनधान्य के भंडार से अतिशय समृद्ध होने के कारण इसका कोसल नाम वास्तव में सार्थक है। कोसल प्रदेश में लोकव्यवहार की भाषा कोसली जिसे 'देसी' भी कहा गया है समय-समय पर साहित्यिक परिधान धारण कर पालि-अवधी आदि नामों से गौरव पाती रही। जन-भाषा कोसली की एक विशेषता है 'श' के स्थान पर 'स' के उच्चारण की। इसी के चलते 'कोसल' शब्द 'कोसल' के रूप में लोकव्यवहार तथा साहित्य दोनों में गृहीत और समादृत हुआ।

शतपथ ब्राह्मण वैदिक युगीन इतिहास का एक प्रमुख ग्रंथ है। उसमें उल्लेख हुआ है कि विदेहों के राजा 'विदेध माथव' ने अपने पुरोहित गौतम राहुगण के साथ कोसल की पूर्व सीमा पर 'सदानीरा' के तट पर यज्ञ किया था। उसी प्रसंग में सदानीरा को कोसल और विदेहों की सीमा को विभक्त करने वाली कहा गया है। अन्यत्र इस बात का वर्णन है कि कौसल्य (कोसल के राजा) आट्णार हेरण्यनाभ ने महान अश्वमेध यज्ञ किया था। काशी और विदेह के साथ भी कोसल का वर्णन हुआ है। विदेह के होतृ पुरोहित आश्वलायन (अश्वल का वंशज) को प्रश्नोपनिषद् में कोसलीय (कोसल का रहनेवाला) कहा गया है। गोपथ ब्राह्मण में भी काशियों और कोसलीयों का वर्णन है।

कोसल सूर्यवंशी राजाओं का राज्य था। इक्ष्वाकु सूर्यवंशियों के पूर्वज थे अतः कोसल को 'इक्ष्वाकु जनपद' भी कहते थे। शतपथ में कोसलीय इक्ष्वाकु का उल्लेख हुआ है। भागवत पुराण में कोसल का वर्णन एक देश के रूप में किया गया है। पाणिनि की 'अष्टाध्यायी' में भी कोसल का उल्लेख है।' भारत के प्राचीन सोलह महाजनपदों में कोसल भी सम्मिलित था जिसका उल्लेख विष्णु पुराण तथा अंगुत्तर निकाय में हुआ है। इन ग्रंथों में महाजनपदों की स्थिति वर्णित है।[2]

महाभारत के शांति पर्व में राज्य की उत्पत्ति के विषय में भीष्म का कथन है कि सतयुग में न राजा था न राज्य, न दंड था और न दंड देने वाला, समस्त प्रजा धर्म के अनुसार चलती थी और उसी से परस्पर रक्षा कर लेती थी। इस प्रकार धर्म से परस्पर पोषण करते हुए उनमें मोह व्याप्त हो गया। मोह के कारण उनका धर्म नष्ट होने लगा। धर्म नष्ट होने से उनमें लोभ आ गया। लोभ के कारण वे अप्राप्य वस्तुओं को प्राप्त करने की इच्छा करने लगे। इस प्रकार उनमें काम उत्पन्न हुआ। काम के कारण राग उत्पन्न हुआ जिससे कर्तव्याकर्तव्य का ज्ञान जाता रहा। इस प्रकार अराजकता फैलने पर देव गण त्रस्त होकर ब्रह्मा के पास गए। ब्रह्मा ने उनकी प्रार्थना पर निग्रह-अनुग्रह से पूर्ण दंड नीति का निर्माण किया। महर्षियों ने लोगों के अनुरोध पर इन नियमों को संक्षिप्त किया। इसके उपरांत देव गण प्रजापति विष्णु के पास गए और प्रार्थना की कि मनुष्यों में जो श्रेष्ठ हो उसका निर्देश करें। तब भगवान विष्णु ने चिंतन-मनन कर रजोगुण से रहित एक तेजस्वी मानस-पुत्र रचा। मानस-पुत्र रचने का यथार्थ भाव है कि पुत्रदर्शी मनीषियों ने मन में भली प्रकार चिंतन करके एक तेजस्वी पुरुष को चयनित किया। मन से चयनित होने के कारण इस पुरुष को मनु कहा गया है।

ततो मनुं व्यादिदेश मनुनाभिनंदिताः। उस रजोगुण रहित पुरुष ने पृथ्वी का स्वामी बनने में अनिच्छा व्यक्त की क्योंकि उसकी बुद्धि संन्यास की ओर प्रवृत्त थी। तथापि जनता के आग्रह पर उसने पद स्वीकार कर लिया।[3] इस प्रकार राज्य की उत्पत्ति हुई।

विष्णु पुराण तथा अंगुत्तर निकाय में परिगणित सोलह महाजनपदों की स्थिति इस प्रकार है—

1. कुरु (मेरठ, दिल्ली और थानेश्वर) राजधानी इंद्रप्रस्थ
2. पांचाल—बरेली, बदायूँ और फर्रुखाबाद राजधानी अहिच्छत्र, बरेली के पास रामनगर तथा कांपिल्य (फर्रुखाबाद)
3. शूरसेन (मथुरा के आस-पास का क्षेत्र), राजधानी मथुरा

4. वत्स (इलाहाबाद और आस-पास), राजधानी कौशांबी (इलाहाबाद के पास कोसम)
5. कोसल (अवध), राजधानी साकेत (अयोध्या) और श्रावस्ती (गोंडा जिले में सहेत-महेत)
6. मल्ल (देवरिया), राजधानी कुशीनगर (कसया) और पावा वर्तमान सठियाँव फाजिलनगर, जिला देवरिया (उ.प्र.)
7. काशी (वाराणसी), राजधानी वाराणसी
8. चेदि (बुंदेलखंड), राजधानी शुक्तिमति (बाँदा के पास)
9. मगध (दक्षिणी बिहार), राजधानी गिरिब्रज (बिहार शरीफ के पास राजगिरि)
10. वृज्जि (दरभंगा और मुजफ्फरपुर), राजधानी मिथिला, जनकपुर और वैशाली (जिला मुजफ्फरपुर में बसाढ़)
11. अंग (भागलपुर), राजधानी चंपा
12. मत्स्य (जयपुर), राजधानी विराट (जयपुर के पास)
13. अश्मक (गोदावरी घाटी), राजधानी पांड्य
14. अवंती (मालवा), राजधानी उज्जयिनी (उज्जैन)
15. गांधार (पश्चिमोत्तर भारत), राजधानी तक्षशिला
16. कंबोज, राजधानी राजापुर

उपर्युक्त सोलह महाजनपदों में से प्रथम आठ वर्तमान उत्तर प्रदेश में ही स्थित थे। कोसल कुरु एवं पांचाल जनपदों के पूर्व तथा विदेह के पश्चिम में स्थित था। सदानीरा इसे विदेह से अलग करती थी। कोसल-निवासी सूर्यवंशी थे तथा सीधे इक्ष्वाकु द्वारा मनु से संबंधित थे। मनु के नौ पुत्रों में इक्ष्वाकु सबसे ज्येष्ठ थे। मनु को मानव जाति का जन्मदाता आदि पुरुष माना जाता है। पृथ्वी पर प्रथम नृपति होने का भी गौरव उन्हें प्राप्त है। पृथ्वी पति के रूप में प्रजा के भरण-पोषण का भार ग्रहण करने के कारण मनु को 'भरत' भी कहा जाने लगा जिसके आधार पर इस देश का नाम 'भारतवर्ष' प्रसिद्ध हुआ।

मनु ने सरयू के तट पर अयोध्या नगरी का निर्माण कराया जो कोसल देश की प्रथम राजधानी बनी। मध्य देश में स्थित होने के कारण कोसल बाह्य आक्रमणों से सुरक्षित था जिससे विदेशियों को इस नगरी पर आक्रमण करने का साहस ही नहीं होता था। इस प्रकार अयोध्या सचमुच अ + योध्या (जिसे युद्ध में जीता न जा सके) नाम को सार्थक करती थी।

मनु ही सूर्यवंश एवं चंद्रवंश के मूल पुरुष अथवा जन्मदाता थे। उल्लेखनीय है कि जितने राजवंश भारत में हुए उनमें सूर्यवंश सबसे अटूट क्रम से सबसे सुदीर्घ है। सूर्यवंश की वंशावलियाँ सभी पुराणों में वर्णित हैं। मनु के ज्येष्ठ पुत्र इक्ष्वाकु ने मध्य देश कोसल में अयोध्या की राजधानी बनाकर राज्य किया। कोसल के प्रमुख इक्ष्वाकुवंशी नृपतियों की नामावली पुराणों में निम्नलिखित है—

ब्रह्मा जी से मरीचि का जन्म हुआ।
मरीचि के पुत्र कश्यप थे।
कश्यप के पुत्र विवस्वान हुए,
विवस्वान के वैवस्वत मनु हुए
वैवस्वत मनु के पुत्र इक्ष्वाकु।
इक्ष्वाकु के पुत्र कुक्षि थे।
कुक्षि के पुत्र का नाम विकुक्षि था।
विकुक्षि के पुत्र बाण
बाण के पुत्र अनरण्य हुए।
अनरण्य से पृथु
पृथु से त्रिशंकु का जन्म हुआ था
त्रिशंकु के पुत्र धुन्धुमार
धुन्धुमार के पुत्र युवनाश्व हुए
युवनाश्व के पुत्र मानधाता हुए और
मानधाता से सुसन्धि का जन्म हुआ।
सुसन्धि के दो पुत्र हुए—ध्रुवसन्धि एवं प्रसेनजित्।
ध्रुवसन्धि के पुत्र भरत हुए।
भरत के पुत्र असित हुए और
असित के पुत्र सगर हुए।
सगर के पुत्र का नाम असमंज था।
असमंज के पुत्र अंशुमान
अंशुमान के पुत्र दिलीप हुए।
दिलीप के पुत्र भगीरथ हुए
भगीरथ के पुत्र ककुत्स्थ
ककुत्स्थ के पुत्र रघु हुए।

रघु बहुत पराक्रमी और तेजस्वी राजा थे और उनका प्रताप अत्यधिक था जिसकी वजह से इस वंश का नाम रघुवंश पड़ा।

रघु के पुत्र प्रवृद्ध हुए

प्रवृद्ध के पुत्र शंखण

शंखण के पुत्र सुदर्शन हुए।

सुदर्शन के पुत्र अग्नि वर्ण

अग्नि वर्ण के पुत्र शीघ्रग

शीघ्रग के पुत्र मरु

मरु के पुत्र प्रशुश्रुक

प्रशुश्रुक के पुत्र का नाम अंबरीष।

अंबरीष के पुत्र का नाम नहुष

नहुष के पुत्र ययाति

ययाति के पुत्र नाभाग

नाभाग के पुत्र का नाम अज

अज के पुत्र दशरथ

राजा दशरथ के चार पुत्र हुए श्रीरामचंद्र, भरत, लक्ष्मण तथा शत्रुघ्न।

श्रीरामचंद्र के दो पुत्र लव और कुश हुए।

## कुश के अतिथि

निषध

नल

नभ

पुंडरीक

क्षेमधन्वन

देवानीक

अहीन

पारियात्र

बल

स्थल

उक्थ

वज्रनाभ

स्वगन

विधृति

व्युषिताश्व

विश्वसह (2)

हिरण्यनाभ

पुष्य

ध्रुवसंध

अमर्षण

सहस्वान

विश्वसह

प्रसेनजित् (2)

तक्षक

बृहदबल वृहद्रण

उरुक्रिय

वत्स वृद्ध

प्रति व्योम

भानु

दिवाकर

सहदेव

वृहदश्व (2)

भानुमत

प्रतीकाश्व

सुप्रतीक

भरुदेव

सुनक्षत्र

पुष्कर

अंतरिक्ष

सुतपस

अमित्रजित

वृहद्राज

बर्हि

कृतंजय

रणंजय

संजय

शाक्य

शुद्धोदन

ब्रह्मदत्त अरिनेमि

प्रसेनजित् (3)

विरुद्धक

रणक

सुरथ

सुमित्र।

कोसल(कोसल) प्राचीन भारत के 16 महाजनपदों में से एक था। इसका क्षेत्र आधुनिक गोरखपुर के पास था। इसकी प्रथम राजधानी अयोध्या और द्वितीय राजधानी श्रावस्ती थी। चौथी सदी ईसा पूर्व में मगध ने इस पर अपना अधिकार कर लिया।

## उत्तर कोसल की राजधानी : श्रावस्ती

श्रावस्ती कोसल जनपद का एक प्रमुख नगर था। यहाँ का दूसरा प्रसिद्ध नगर अयोध्या था। श्रावस्ती नगर अचिरावती नदी के तट पर बसा था, जिसकी पहचान आधुनिक राप्ती नदी से की जाती है। इस सरिता के तट पर स्थित आज का 'सहेत-महेत' प्राचीन श्रावस्ती का प्रतिनिधि है। भगवान बुद्ध के जीवनकाल में यह कोसल देश की राजधानी थी। महाभारत के अनुसार श्रावस्ती के नाम की उत्पत्ति का कारण कुछ दूसरा ही था। 'श्रावस्त' नामक एक राजा हुए, जो कि पृथु की छठी पीढ़ी में उत्पन्न हुए थे। वही इस नगर के जन्मदाता थे और उन्हीं के नाम के आधार पर इसका नाम श्रावस्ती पड़ गया था। पुराणों में श्रावस्तक नाम के स्थान पर श्रावस्त नाम मिलता है।

## महाकाव्यों में श्रावस्ती

महाकाव्यों में श्रावस्ती का विशद वर्णन मिलता है।

वायु पुराण और वाल्मीकि रामायण में वर्णन है कि रामचंद्रजी ने दक्षिण कोसल का राजा अपने पुत्र कुश को और उत्तर कोसल का राजा लव को बनाया था—

*कुशस्य कोसलो राज्यं पुरी वापि कुशस्थली। रम्या निर्मिता तेन विंध्यपर्वत सानुषु॥*
*उत्तर कोसले राज्ये लवस्य च महात्मनः श्रावस्ती लोकविख्याता कुशवशं निबोधत॥* [4]
*कोसलेषुकुशं वीरमुत्तरेषुतथा लवम्, अभिषिच्य महात्मानावुभौरामः कुशीलवौ।* [5]

रामायण के अनुसार लव की राजधानी श्रावस्ती में थी—

*श्रावस्तीति पुरीरम्या श्राविता च लवस्यह अयोध्या विजनां कृत्वा राघवोभरतस्तथा।* [6]

मधुपुरी में शत्रुघ्न को सूचना मिली कि लव के लिए श्रावस्ती नामक नगरी राम ने बसाई है और अयोध्या को जन हीन करके उन्होंने स्वर्ग जाने का विचार किया है। इस वर्णन से प्रतीत होता है कि श्रीराम के स्वर्गारोहण के पश्चात् अयोध्या उजड़ गई थी और कोसल की नई राजधानी श्रावस्ती में बनाई गई थी।

रामायण में दो कोसल नगरों की चर्चा है—
उत्तर कोसल—जिसकी राजधानी श्रावस्ती थी।
दक्षिण कोसल—जिसकी राजधानी कुशावती थी।

राम के शासन काल में इन दोनों राजधानियों का वर्णन मिलता है। राम ने अपने पुत्र लव को श्रावस्ती का और कुश को कुशावती का राजा बनाया था। [7]

## रामायण में वर्णन

मत्स्य, लिंग और कूर्म पुराणों में श्रावस्ती को गोंडा में स्थित बतलाया गया है, जिसका समीकरण कनिंघम ने आधुनिक गोंडा से किया है। श्रावस्ती की संस्थापना श्रावस्तक ने की थी।

वायु पुराण के अनुसार श्रावस्तक के पिता का नाम अंध था। मत्स्य और ब्रह्म पुराणों में श्रावस्त या श्रावस्तक को युवनाश्व का पुत्र और अद्र का पौत्र कहा गया है।

महाभारत में इनसे अलग सूचना मिलती है। इसमें श्रावस्तक को श्राव का पुत्र तथा युवनाश्व का पौत्र कहा गया है। कुछ पुराणों में श्रावस्तक को युवनाश्व का पुत्र और अद्र का पौत्र कहा गया है।

### कालिदास का उल्लेख

कालिदास ने रघुवंश में लव को 'शरावती' नामक नगरी का राजा बनाया जाना लिखा है। इस उल्लेख में 'शरावती', निश्चय रूप से श्रावस्ती का ही उच्चारण भेद है। श्रावस्ती की स्थापना पुराणों के अनुसार, 'श्रावस्त' नाम के सूर्यवंशी राजा ने की थी। लव ने यहाँ कोसल की नई राजधानी बनाई और श्रावस्ती धीरे-धीरे उत्तर कोसल की वैभव शालिनी नगरी बन गई। [8]

### बौद्धकालीन श्रावस्ती

बौद्ध धर्म के आठ महातीर्थों में श्रावस्ती भी एक प्रसिद्ध तीर्थ है। जो बौद्ध साहित्य में सावत्थी के नाम से विख्यात है। बौद्ध ग्रंथों के अनुसार भगवान बुद्ध ने यहाँ 24 बार वर्षा वास करके जनता को सद्धर्म उपदेश दिया था। मज्झिम निकाय के 150 सूत्रों में से 65 तथा विनय पिटक के 350 शिक्षा पदों में से 294 यहीं दिए गए थे। श्रावस्ती का महत्त्व इसलिए और भी अधिक है कि यही राजा प्रसेनजित् के दरबार में अधर स्थित होकर भगवान बुद्ध ने अपने अलौकिक चमत्कार का प्रदर्शन भी किया था।

श्रावस्ती का क्रमबद्ध इतिहास भगवान बुद्ध के समय से मिलता है। उस समय यहाँ का राजा प्रसेनजित् था। प्रसेनजित् यद्यपि शाक्यों पर शासन करता था। लेकिन हीन वंशज होने के कारण किसी शाक्य वंशी राजकुमारी से विवाह कर अपनी वंश परम्परा अधिक उन्नत करना चाहता था। परंतु शाक्य उसे अपनी कन्या देने में अपमान समझते थे। अतः उन्होंने एक दासी कन्या को शाक्य कन्या बताकर भेज दिया था। इसी कन्या से प्रसेनजित् के उत्तराधिकारी कुमार विरुद्धक का जन्म हुआ। विरुद्धक को जब इस रहस्य का पता चला तो उसने शाक्यों को नष्ट करने के लिए उन पर आक्रमण किया और अपने रंग निवास के लिए चुनी गई 500 शाक्य कन्याओं का वध कर डाला। भगवान बुद्ध ने विरुद्धक की इस नृशंसता को देखकर भविष्यवाणी की कि वह सात दिन के भीतर ही अग्नि में भस्म हो जाएगा। चीनी यात्री ह्वेनसांग ने अपने यात्रा वृत्तांत

में उस तालाब का उल्लेख किया है। जिसमें विरुद्धक अग्नि की लपटों से बचने के लिए कूदा था।

सूर्यवंशी शासकों के बाद श्रावस्ती का इतिहास हमें फिर से मौर्यकाल से मिलता है। दिव्यावदान के अनुसार सम्राट अशोक ने श्रावस्ती की भी यात्रा की थी। और सारि पुत्र मोदगलायन, महा कश्यप और आनंद की स्मृति में यहाँ बनाए गए चारों स्तूपों की पूजा की थी। यहाँ से प्राप्त एक ताम्र पत्र द्वारा तत्कालीन शासन की ओर से श्रावस्ती के महामात्रों को एक आदेश भी दिया गया था। यद्यपि आज्ञा के प्रचार का नाम अज्ञात है। तथापि दान पत्र की लिपि एवं उसमें प्रयुक्त महामात्र शब्द से इसका मौर्यकालीन होना स्पष्ट है। ईसा पूर्व पहली और दूसरी शताब्दी की बनी भरहुत एवं बोध गया की वेदिकाओं पर भी श्रावस्ती का जेतवन विपयक दृश्य उत्कीर्ण है। जिसमें उस काल में इस स्थान की महत्ता ज्ञात होती है। किंतु श्रावस्ती की उन्नति कृपाण काल में हुई। भिक्षु बल द्वारा स्थापित बुद्ध मूर्ति के अभिलेख से यह पता लगता है कि कृपाण काल में यह प्रदेश कनिष्ठ महान के अधिकार में था। उस समय जेतवन विहार का पूरा क्षेत्र सर्वास्तिवादी भिक्षुओं के प्रभाव में था।

यद्यपि श्रावस्ती का महत्त्व किसी न किसी प्रकार 12वीं शताब्दी तक बना था तथापि गुप्त काल में नष्ट होने लगा था। इसका स्पष्ट आभास हमें प्रसिद्ध चीनी यात्री फाहियान के यात्रा वृत्तांत से मिलता है। उसने जब इस क्षेत्र की यात्रा की थी। तो यह नगर एक प्रकार से निर्जन हो चुका था। और केवल 200 परिवार मात्र की बस्ती यहाँ रह गई थी। प्राचीन विहार, मंदिर, स्तंभ आदि सब नष्ट होने लगे थे। और उनके स्थान पर नए विहारों एवं मंदिरों के निर्माण का प्रयास किया जा रहा था। फिर भी उसने अनेक स्मारकों का सजीव एवं विशद वर्णन दिया है। जो पतनोन्मुख काल में भी श्रावस्ती के गौरव का परिचायक है। किंतु लगभग दौ सौ वर्ष बाद ही चीनी यात्री ह्वेनसांग के समय में यह नगर प्रायः जन शून्य और नष्ट हो गया था। उसने लिखा है कि नगर की केवल चारदीवारी ही शेष रह गई थी। और अधिकांश इमारतों पर वनस्पतियाँ उग चुकी थीं। राजा प्रसेनजित् के महल की केवल नींव ही शेष बची थी। कुछ मंदिर अवश्य उस समय बच रहे थे, जिनमें थोड़े-बहुत साधु निवास करते थे। निश्चित ही श्रावस्ती की यह दशा हूणों के आक्रमण के कारण हुई होगी।

राजा हर्ष के मधुवन दान पत्र से ज्ञात होता है कि श्रावस्ती उसके राज्य का प्रदेश था। हर्ष के बाद भी कुछ दिनों तक श्रावस्ती कन्नौज के राजाओं के शासन में रही। इस बात की पुष्टि राजा गोविंद चंद्र के दान पत्र के लेख से भी होती है। जिसमें न केवल श्रावस्ती

के राजनैतिक इतिहास पर ही प्रकाश पड़ता है, बल्कि आधुनिक सहेत-महेत का प्राचीन श्रावस्ती होना भी सिद्ध होता हैं। इस प्रकार श्रावस्ती कृपाण काल के वैभव को फिर न पा सकी, तथापि 12वीं शताब्दी तक यह किसी न किसी रूप में बौद्ध धर्म का क्षेत्र बनी रही, इसके बाद यवनों के आक्रमण से हिंदू राज्यों एवं सांस्कृतिक महत्त्वपूर्ण स्थलों के साथ-साथ श्रावस्ती भी अन्धकार की गहराइयों में विलीन हो गई।

## श्रावस्ती की खोज

आधुनिक काल में श्रावस्ती के प्राचीन वैभव को प्रकाश में लाने का सर्वप्रथम प्रयास भारतीय पुरातत्त्व विभाग के अध्यक्ष जनरल कनिंघम ने किया था। उन्होंने सन् 1862 ई. में श्रावस्ती के खँडहरों की खुदाई शुरू की थी, लगभग एक साल के कार्य में उन्होंने जेतवन का थोड़ा भाग साफ कराया, उसमें उनको 7 फुट 4 इंच ऊँची एक बुद्ध प्रतिमा प्राप्त हुई, जिस पर अंकित लेख से इसका श्रावस्ती विहार स्थापित होना ज्ञात होता है। यह वही मूर्ति थी जिसको भिक्षु बल ने स्थापित करवाया था। इस मूर्ति के लेख के आधार पर ही इतिहासकारों ने सहेत के क्षेत्र को जेतवन और महेत के क्षेत्र को श्रावस्ती माना है। सन् 1876 ई. में जनरल कनिंघम ने इन स्थानों की खुदाई पुनः करवाई और लगभग 16 प्राचीन इमारतों की नींव प्रकाश में लाए। इस बार की खुदाई में उनको यहाँ से सिक्के और मृण्मूर्तियाँ भी प्राप्त हुई थीं। उनके मतानुसार जिस स्थान पर बोधिसत्व की विशाल मूर्ति प्राप्त हुई थी वहाँ कोसंब कुटी नामक विहार था। उसी के उत्तर में गंध कुटी अथवा मुख्य मंदिर था। जिस समय श्री कनिंघम सहेत में भग्नावशेष की खुदाई कर रहे थे। उन्होंने महेत के पश्चिम में स्थित जैन मंदिर सोमनाथ के खँडहरों में कुछ मूर्तियाँ प्राप्त कीं। उसके पश्चात् इन्होंने पुनः खुदाई का कार्य किया और सन् 1885 में सहेत-महेत के क्षेत्र में कुछ और स्मारक प्रकाश में लाए।

डॉ. होये द्वारा सबसे महत्त्वपूर्ण खोज में प्राप्त सन् 1119 में लिखा गया एक शिलालेख था। उसके बाद सन् 1908 में डॉ. बोगले ने श्री दयाराम साहिनी के साथ लगभग तीन मास तक इस क्षेत्र के भग्नावशेष की खुदाई कराई और बहुत सी महत्त्वपूर्ण वस्तुओं को प्रकाश में लाए। उन्होंने पक्की कुटी, कच्ची कुटी, एक स्तूप, जैन धर्म संबंधी सोमनाथ के मंदिर आदि का पता लगाया। कच्ची कुटी में विशेष रूप से मिट्टी की मूर्तियाँ, खिलौने आदि मिले, जिनका कलात्मक और ऐतिहासिक महत्त्व है। सोमनाथ मंदिर से भी अनेक जैन मूर्तियाँ प्राप्त हुईं। सहेत के क्षेत्र में भी अनेक विहारों, स्तूपों

और बोधिसत्व मूर्तियाँ, सिक्के, मृण्मूर्तियाँ और मुहरें निकाली गईं। इन वस्तुओं में सबसे महत्त्वपूर्ण एक अभिलिखित ताम्र पत्र था, जो कन्नौज के राजा गोविंद चंद्र का दान पत्र है। इसी लेख के आधार पर विद्वानों ने सहेत को जेतवन का क्षेत्र और महेत को श्रावस्ती का क्षेत्र प्रमाणित माना है।

सन् 1910-11 ई. में विख्यात पुरातत्त्व विशेषज्ञ सर जॉन मार्शल की अध्यक्षता में श्री दयाराम साहनी ने पुनः इस क्षेत्र की खुदाई की और बहुत सी वस्तुएँ पाईं। इनमें बुद्ध मूर्ति की एक अभिलिखित चरण चौकी है, जिस पर जेतवन का उल्लेख है। श्रावस्ती और जेतवन में जो मूर्तियाँ प्राप्त हुई हैं। उनमें से अधिकांश बौद्ध धर्म से संबंधित हैं। जैन और ब्राह्मण धर्म से संबंधित कम हैं। बौद्ध धर्म से संबंधित सबसे महत्त्वपूर्ण चार मूर्तियाँ हैं। जिनकी स्थापना कृपाण काल में हुई थी। ये मूर्तियाँ चित्तीदार लाल पत्थर की बनी हुई हैं। और मथुरा कला की द्योतिकाएँ हैं। वास्तव में इतिहास के इस युग में मथुरा शिल्प कला का प्रमुख केंद्र था। जहाँ से छोटी-बड़ी मूर्तियाँ बनकर सारनाथ, कौशांबी, श्रावस्ती, कुशीनगर, साँची, राजगृह, तक्षशिला आदि स्थानों तक जाती थीं। इन मूर्तियों में कला की दृष्टि से सबसे सुंदर भगवान बुद्ध की एक छोटी मूर्ति है। जिसमें वे अभय मुद्रा में सिंहासन पर बैठे हैं। मूर्तियों की बनावट आश्चर्यजनक रूप से उन मूर्तियों से मिलती हैं जो आज मथुरा संग्रहालय में रखी हुई हैं। यह मूर्ति उत्तर कुषाण काल की है। और किसी चतुर कलाकार के कौशल को प्रदर्शित करती हैं।

लेकिन अभी तक श्रावस्ती और जेतवन के अवशेषों में जितनी भी वस्तुएँ प्राप्त की गई है, उनमें गुप्त काल की उन्नत कला का प्रतिनिधित्व करने वाली कोई पाषाण मूर्ति नहीं मिली है। जिससे उस काल में इस क्षेत्र की उपेक्षा स्पष्ट है। चित्तीदार लाल पत्थर की बनी हुई कुबेर की मूर्ति में गुप्त काल की समुन्नति कला की परम्परा का आभास मिलता तो है। लेकिन साथ ही साथ मध्यकालीन कला की विशेषताओं की छाया भी स्पष्ट दिखाई पड़ती है। इसी समय की अर्धपर्यक मुद्रा में अवलोकितेश्वर की भी एक मूर्ति है। जिस पर सारनाथ और मगध की उत्तर गुप्तकाल की शैली की पूर्ण छाप है। इन मूर्तियों के अतिरिक्त श्रावस्ती से प्राप्त शेष मूर्तियाँ निश्चित रूप से मध्यकालीन अर्थात् नवीं, दसवीं शताब्दी की है। कच्ची कुटी में जो जैन धर्म की मूर्तियाँ प्राप्त हुई हैं। उनकी शैली उपयुक्त मूर्तियों से भिन्न है, और उन पर मध्य भारत अथवा राजस्थान की शैली का प्रभाव स्पष्ट है। जैसा कि पहले कहा जा चुका है। जेतवन में बौद्ध विहार आदि का निर्माण सबसे पहले अनाथपिंडक अथवा सुदत्त नाम के श्रेष्ठी ने किया था। यह विहार श्रावस्ती का सर्वश्रेष्ठ विहार था। उसके पश्चात्

पूर्वाराम विहार का निर्माण विशाखा द्वारा जेतवन से उत्तर-पूर्व में कुछ दूरी पर कराया था। जेतवन और श्रावस्ती की ऐतिहासिक इमारतों का धार्मिक महत्त्व एवं वैभव बौद्ध ग्रंथों में स्थान-स्थान पर वर्णित है। किंतु समय परिवर्तन के कारण आज यहाँ इन इमारतों के भग्नावशेष को छोड़ कुछ नहीं दिखाई पड़ता। श्रावस्ती के आकर्षण स्थलों में सबसे प्रमुख स्थल है। श्रावस्ती की यात्रा पर पहुँचने पर यात्री सबसे पहले जेतवन विहार के दर्शन के लिए लालायित रहते हैं। परंतु उसके चिह्न विशेष न पाकर निराश हो जाते है। श्रावस्ती का धनी व्यापारी अनाथपिंडक एक बार अपने बहनोई के यहाँ राजगृह गया था। उस समय राजगृह के उस सेठ ने भगवान बुद्ध को शिष्यों सहित अपने यहाँ निमंत्रित किया था। अनाथपिंडक भगवान बुद्ध से वहीं मिला और अत्यंत प्रभावित हुआ। और उनका अनन्य भक्त बन गया। इतना ही नहीं उसने उसी समय संघ सहित महात्मा बुद्ध को श्रावस्ती आने का निमंत्रण भी दिया। श्रावस्ती लौटने पर अनाथपिंडक ने भगवान बुद्ध के ठहरने के लिए स्थान की की खोज आरंभ की और नगर से ठीक बाहर जेतकुमार के प्रसिद्ध उद्यान जेतवन को इस कार्य के लिए उपयुक्त समझा। और जेतकुमार से उद्यान बेचने का प्रस्ताव किया। जेतकुमार उद्यान को बेचने के मूड में नहीं था लेकिन फिर भी राजकुमार ने उत्तर दिया कि यदि उस क्षेत्र पर कोर से कोर मिलाकर स्वर्ण मुद्राएँ बिछा दी जाय तो ही वह बिक सकेगा। अनाथपिंडक ने कहा, तब तो यह उद्यान मैंने ले लिया। यह बिका या नहीं इसका निर्णय कानून के मंत्री देंगे। कानून के अधिकारियों ने कहा कि उद्यान बिक गया। क्योंकि उसका दाम बताया गया था। तब अनाथपिंडक ने कोर से कोर मिलाकर उस भूमि पर स्वर्ण मुद्राएँ बिछा दी। एक बार में लाया गया सोना एक द्वार के कोठे के बराबर थोड़ी सी जगह के लिए पर्याप्त नहीं हुआ।

अतः अनाथपिंडक ने और सोना लाने की आज्ञा दी। तब राजकुमार ने कहा, बस इस जगह पर स्वर्ण मुद्राएँ मत बिछाओ। यह जगह मुझे दे दो। यह मेरा दान होगा। अनाथपिंडक ने वह जगह जेतकुमार को दे दी जहाँ उसने एक कोठा बनवाया। अनाथपिंडक के जेतवन खरीदने की कथा इतनी प्रचलित थी कि भरहुत के तक्षकों ने इस दृश्य को वहाँ के वेष्टनि पर भी अंकित किया है। कथा के अनुसार अनाथपिंडक ने 18 करोड़ स्वर्ण मुद्राओं को बिछाने के बाद 18 करोड़ और स्वर्ण मुद्राओं को विभिन्न इमारतों को बनवाने में खर्च किया, और विहारों, परिवेशों, कोटठको, उपन्धान शालाओं, उद्यानों, कुटियों, तालाबों, पुष्करिणी, स्नानगृहों तथा मंडपों आदि सभी सुविधाओं से लैस विहार का निर्माण कराया। उसके बाद जब महात्मा बुद्ध भ्रमण करते हुए वहाँ पधारे तो

अनाथपिंडक ने जेतवन और उसकी समस्त इमारतों को महात्मा बुद्ध तथा उनके शिष्य संघ को दान कर दिया।

जातक निदान कथा के अनुसार सेठ अनाथपिंडक ने जेतवन के क्षेत्र के मध्य भाग में बुद्ध के रहने के लिए गंध कुटी का निर्माण करवाया था और उसके चारों ओर 80 प्रमुख बौद्ध शिष्यों के रहने के लिए निवास स्थान बनाए थे। ये निवास विविध रूपों के थे, साथ ही साथ उसने उन स्थानों को भी बनवाया था। जहाँ पर बुद्ध जी विश्राम करते थे। घूमा करते थे, एवं रात में शयन करते थे। बुद्ध घोष की रचना सुमंगल-विलासिनी से यह पता लगता है कि जेतवन में करेरी कुटी, कोसंब कुटी, गंध कुटी और सललगृह नाम के चार प्रमुख स्थान थे। इनमें से सललगृह की रचना राजा प्रसेनजित् ने की थी, और बाकी तीनों कुटी का निर्माण अनाथपिंडक ने करवाया था।[9]

## पूर्वाराम

श्रावस्ती दर्शन क्षेत्र में पूर्वाराम विहार के खँडहर भी दर्शनीय हैं। जेतवन विहार के निर्माण के बाद इसके कुछ दूर पूर्व में पूर्वाराम नामक विहार था। जिसका निर्माण विशाखा नाम की एक उपासिका ने कराया था। वह श्रावस्ती के पूर्व वर्धन नामक धनी व्यापारी की स्त्री तथा मिगार की पुत्रवधू थी। उसके पास मेलपलंदना नामक एक अमूल्य आभूषण था। एक बार संयोग से भगवान बुद्ध का उपदेश सुनते समय उसका हार वहीं गिर गया जो उसे घर लौटने पर ज्ञात हुआ। तुरंत ही उसकी खोज शुरू हुई और भाग्य से वह विहार के उपदेश स्थल पर ही मिल गया। किंतु वह धर्म स्थान से प्राप्त होने के कारण उसे धारण करने को तैयार न हुई, और उसने संकल्प किया कि वह उसे बेचकर उसके मूल्य से वहाँ एक विहार का निर्माण कराएगी। अमूल्य होने के कारण श्रावस्ती में उसे खरीदने की किसी में शक्ति न थी। अत: उसने स्वयं ही 9 करोड़ की धनराशि में उसे खुद ही खरीद लिया और उसी धन से पूर्वाराम विहार का निर्माण कराया। भगवान बुद्ध ने श्रावस्ती के अपने निवास काल में कुछ समय इस विहार में भी बिताया था।

## आनंद बोधि वृक्ष

जेतवन विहार के ठीक सामने इस विशाल वृक्ष के दर्शन होते हैं। कहा जाता है कि यह वृक्ष महात्मा बुद्ध के समय का है। हालाँकि इसका ठोस प्रमाण नहीं है। आनंद बोधि वृक्ष

के विषय में पजिवलिय नामक सिंहली ग्रंथ में इस प्रकार कथा मिलती है कि जेतवन महा विहार की अनेक सुविधाओं की अपेक्षा भी महात्मा बुद्ध यहाँ केवल वर्षा ऋतु में ही ठहरते थे, शेष समय वे भ्रमण करके उपदेश देते फिरते थे। इससे भक्तजनों को उनके सम्पर्क में अधिक रहने का सौभाग्य न प्राप्त हो पाता था। अत: सबने महात्मा बुद्ध से प्रार्थना की कि वे अपना कोई स्थायी चिह्न उनके लिए दें जिसकी उपासना उनकी अनुपस्थिति में भी की जा सके। महात्मा बुद्ध जी ने उनकी प्रार्थना स्वीकार कर ली और अपने प्रधान शिष्य आनंद को बोधि वृक्ष की शाखा श्रावस्ती में लगाने की आज्ञा दी। अनुमति प्राप्त होने पर देव शक्ति से सम्पन्न महा मोदगलायन वायु मार्ग से जाकर उक्त वृक्ष की शाखा लाए। सबकी इच्छा थी कि राजा प्रसेनजित् ही उस शाखा का रोपण करें, परंतु उन्होंने यह कहकर अस्वीकार कर दिया कि राजा की शक्ति की स्थिरता निश्चित नहीं। अत: किसी ऐसे व्यक्ति के द्वारा उसका रोपण होना चाहिए जो चिरकाल तक उसकी रक्षा कर सके, तब यह कार्य अनाथपिंडक द्वारा संपन्न हुआ। महात्मा बुद्ध ने इसके नीचे पूरी एक रात्रि ध्यानावस्था में व्यतीत कर इस वृक्ष की महत्ता एवं पवित्रता को और बढ़ा दिया था। तब से लेकर आज तक भक्तजन उस वृक्ष को भगवान बुद्ध का रूप मानकर पूजते हैं।

**राजकाराम**

इसका विवरण संयुक्त निकाय की अट्ठ कथा में मिलता है। राजा प्रसेनजित् द्वारा बनाए जाने के कारण इसका नाम राजकाराम था। एक बार महात्मा बुद्ध श्रावस्ती के राजकाराम में निवास कर रहे थे। उस समय एक हजार भिक्षुणियों का संघ महात्मा बुद्ध के पास आया था। जातकट्ट कथा में इसे पिट्ठि विहार भी कहा गया है। जिसका अर्थ जेतवन के पीछे वाला विहार है।

**गंध कुटी**

श्रावस्ती टेंपल या श्रावस्ती बुद्धा टेंपल में श्रावस्ती धाम का मुख्य स्थान है। जेतवन के पूर्व में महात्मा बुद्ध के निवास के लिए कोठरी का निर्माण किया गया था। इसे गंध कुटी कहते हैं। श्रद्धालुजन अब इस पर पुष्प आदि सुगंधित द्रव्य चढ़ाते हैं। इस कुटी का द्वार पूर्व की ओर था तथा इसके आगे एक चबूतरा बना था जिस पर भोजनोपरांत खड़े होकर महात्मा बुद्ध भिक्षु संघ को उपदेश दिया करते थे।

### गंध कुटी परिवेश

गंध कुटी के समीप ही गंध कुटी परिवेश था जिसमें एक स्थान पर बुद्धासन रहता था, और यहीं बैठकर भिक्षु संघ महात्मा बुद्ध की वंदना करते थे।

### द्वार कोट्ठक

इस कोट्ठक का निर्माण गंध कुटी के सामने किया गया था। जेतवन को खरीदते समय अनाथपिंडक के प्रथम बार बिछाई गई स्वर्ण मुद्राओं से खाली रह गया उद्यान का वह क्षेत्र है। जिसे राजकुमार ने सेठ अनाथपिंडक से माँग लिया था। और यहाँ इस कोट्ठक का निर्माण कराया था।

### जेतवन पुष्करिणी

द्वार कोट्ठक के पास ही इस पुष्करिणी का निर्माण किया गया था। जातकट्ठक कथा के अनुसार इसकी कथा इस प्रकार है कि एक बार कौशल देश में वर्षा न होने के कारण अकाल-सा पड़ गया। सर-सरिताएँ सभी सूख गईं, पशु-पक्षी तक व्याकुल हो गए। महात्मा बुद्ध से उनकी दशा देखी न गई और उन्होंने पानी बरसाने का संकल्प किया। अत: भोजन के बाद विहार की ओर जाते समय वे पुष्करिणी की सीढ़ियों पर खड़े हो गए, और अपने प्रमुख शिष्य से स्नान के लिए वस्त्र माँगा। वस्त्र आ जाने पर उसका एक छोर धारण कर तथा दूसरा सिर पर रखकर खड़े हो गए। इसी समय पूर्व दिशा से बादल उमड़ आए और सम्पूर्ण देश में पर्याप्त वर्षा हुई। उक्त जल में स्नान कर महात्मा बुद्ध ने लाल वस्त्र धारण किया। इसी पुष्करिणी के समीप ही महात्मा बुद्ध का परम शत्रु देव दत्त जीवित ही भूमि में धँस गया था। चीनी यात्रियों फाहियान तथा ह्वेनसांग दोनों के ही अनुसार देव दत्त जेतवन में महात्मा बुद्ध को विष देने के इरादे से आया था। परंतु मार्ग में ही उसकी यह दशा हुई।

### उप स्थान शाला

खुद्दक निकाय के अनुसार संध्या समय इसी स्थल पर महात्मा बुद्ध एकत्रित शिष्यों को उपदेश देते थे।

## स्नान कोट्ठक

इसका उल्लेख अंगुत्तर निकाय के अट्ठकथा में किया गया है। तीसरे पहर उपदेश आदि देने के पश्चात् जब महात्मा बुद्ध स्नान करना चाहते थे तो अपने आसन से उठकर इसी स्थान पर स्नान करते थे। गंध कुटी के पास वाला कूप भी इसी के निकट था।

## जंताघर

धम्मपद के काव्य से यह ज्ञात होता है कि जंताघर स्नान करने का स्थान था, जो संघाराम के निकट बनाया गया था। इसमें पानी गरम करने के लिए आग भी जलाई जाती थी। इसलिए इसको अग्निशाला भी कहते हैं।

## आसन शाला

इसमें पानी भरने वाले लोग रहते थे।

## जंताघर शाला

इस स्थान पर प्रव्रज्या दी जाती थी।

## सुंदरी परिव्राजिका

जेतवन के संबंध में एक सुंदरी की हत्या की भी कथा मिलती है। इस कथा को महात्मा बुद्ध के शत्रुओं ने उनको बदनाम करने के लिए गढ़ा था। कहा जाता है कि बुद्ध जी के शत्रु रोज सुंदरी को महात्मा बुद्ध के पास भेजते थे। एक दिन उन लोगों ने उसकी हत्या कर डाली और महात्मा बुद्ध को लांछित करना चाहा। महाराजा प्रसेनजित् को जब इस षड्यंत्र का पता लगा तो उन्होंने उन लोगों को मनुष्य दंड दिया।

## परिखा

उपयुक्त कथा से यह ज्ञात होता है कि इस क्षेत्र के चारों ओर एक परिखा (खाई) भी थी। क्योंकि महात्मा बुद्ध के शत्रुओं ने इसी परिखा में सुंदरी के शव को छिपा रखा था।

### तीर्थकाराम

इस बात का उल्लेख पहले ही किया जा चुका है कि श्रावस्ती का क्षेत्र केवल बौद्धों के लिए ही नहीं वरन् जैनों के लिए भी पवित्र था। जैन धर्म के आठवें तीर्थंकर चंद्रप्रभ नाथ का जन्म इसी स्थान पर हुआ था। बौद्ध साहित्य में यहाँ के दिगंबर जैनों का उल्लेख अनेक स्थानों पर आया है।

### आंधवन

श्रावस्ती से लगभग दो मील की दूरी पर एक और प्रसिद्ध स्थान था। जिसे आंधवन कहते थे। चीनी यात्री फाहियान के अनुसार इस स्थान पर 500 अंध भिक्षु निवास करते थे। एक दिन महात्मा बुद्ध जी ने उनके कल्याण के लिए धर्म उपदेश दिया, उसे सुनते ही उनको दृष्टि प्राप्त हो गई।

### कच्ची कुटी या अंगुलिमाल गुफा

श्रावस्ती तीर्थ क्षेत्र के महेत में बौद्धकालीन दुर्दांत डाकू अंगुलिमाल की गुफा स्थित है। बौद्ध साहित्य के अनुसार तथागत महात्मा बुद्ध के सान्निध्य में आकर खूंखार डाकू अंगुलिमाल क्रूरता छोड़ अहिंसा का पुजारी बन गया था। इसलिए बौद्ध अनुयायियों में इस स्तूप का विशेष महत्त्व है। सैकड़ों वर्ष पुरानी यह बौद्ध धरोहर कच्ची कुटी के नाम से जानी जाती है। जिसकी देखरेख पुरातत्त्व विभाग करता है।

उपयुक्त प्राचीन स्थानों के अतिरिक्त श्रावस्ती में वर्तमान में बनाए गए नए मंदिर, व मठ भी है। जिनमें एक बर्मा मंदिर तथा धर्मशाला तथा एक चीनी मंदिर, और थाई मंदिर भी है।[10]

## श्रावस्ती का राजनैतिक ऐतिहासिक

### राजा प्रसेनजित्

महाराजा लव के वंशज महाराज बृहदबल महाभारत संग्राम में मारे गए थे। पीछे इन्हीं सूर्यवंशी राजाओं की 27वीं पीढ़ी में राजा अरिनेमि ब्रह्मदत्त के पुत्र प्रसेनजित्, कोसल देश के राज्य सिंहासन पर बैठे। प्रसेनजित् ब्राह्मण धर्म के कट्टर अनुयायी थे। आश्रमों,

गुरुकुलों की सेवा में उसने सैकड़ों ग्राम लगा रखे थे। एक साला, इच्छानांगल, नगरविंद, मनसाहक, वेनागपुर, दंडकप्पक एवं वेणुद्वार विशुद्ध ब्राह्मण ग्राम थे। जानुस्सोणि, तोदेटय, तारूक्ख, पोक्खरसादि, लोहिच्य एवं चकी सिद्ध-प्रसिद्ध आचार्य थे। भगवान बुद्ध के भव्य आध्यात्मिक प्रताप में क्रमशः सभी ब्राह्मण बुद्ध की परम शरण में परम तृप्त हुए। राजा प्रसेनजित् व तत्कालीन गणी-मानी ब्राह्मणों-आचार्यों की लोकनाथ बुद्ध के प्रति अगाध श्रद्धा-भक्ति के अनुग्रह पूर्ण श्रद्धा-सुमन सम्पूर्ण त्रिपिटक में सुवासित है। कोसलाधीश प्रसेनजित् की अग्रमहिषी महारानी मल्लिका देवी की भगवान बुद्ध के श्री चरणों में अनुरक्ति महान है। सुमंगल विलासिनी, व धम्मपद की अट्ठकथा के एक प्रसंग के अनुसार भिक्षु संघ को अत्यधिक राजकीय संरक्षण सुविधा व दान से, काल नामक एक मंत्री अहमत था। इसे राजा प्रसेनजित् ने मंत्री पद से हटा दिया था। महाराज प्रसेनजित् त्रिरत्नों में अगाध श्रद्धा का यह एक प्रमाण है।

कुमार जेत प्रसेनजित् की क्षत्रिय महारानी वर्णिका के पुत्र थे। शाक्यों की दासी पुत्री वासभ खतिया प्रसेनजित् की पटरानी हुई। इससे उत्पन्न पुत्र विरुद्धक ने युवराज कुमार जेत की हत्या कर दी। क्योंकि कुमार जेत विरुद्धक द्वारा शाक्यों के विनाश की मंशा के विरुद्ध थे। प्रसेनजित् ने विरुद्धक को युवराज घोषित किया। एक दिन 80 वर्षीय वृद्ध राजा प्रसेनजित्, शाक्य राज्य-मेदलुपं नामक स्थान पर ठहरे भगवान बुद्ध से मिलने गए। पूर्व की भाँति बुद्ध के सम्मान में अपना राज चिह्न राज मुकुट, खड्ग महा सेनापति दीर्घकारायण को सौंप दिया। दीर्घकारायण राज चिह्न व सेना लेकर युवराज विरुद्धक के पास चला गया। ये दोनों राजा के प्रति बदले की भावना से ग्रस्त थे। सेनापति के विरुद्धक को राजा बना दिया। बुद्ध से मिलकर प्रसेनजित् जब बाहर आए तो वस्तुस्थिति समझकर मगध नरेश (भानजा) अजातशत्रु के पास जाने के लिए पैदल चले। रास्ते में प्रतिकूल आहार से उल्टी-दस्त से पीड़ित हो गए। थके-हारे जब राजगृह पहुँचे तो नगर द्वार बंद हो चुका था। बाहर एक सराय में ठहरे, परंतु रात्रि में ही उनकी मृत्यु हो गई। प्रातः राजा अजातशत्रु ने सब समाचार जानकर, प्रसेनजित् की राजकीय सम्मान के साथ अंतिम-क्रिया व श्राद्ध, तर्पण किया। उधर विरुद्धक चमत्कारिक (आकस्मिक बाढ़ के) जल-प्रवाह में मारा गया।

## कोसल साम्राज्य

प्रसेनजित् के राज्य काल में कोसल राज्य उत्तरी पहाड़ियों से लेकर दक्षिण में गंगा तट तक तथा पूर्व में गंडक नदी तक फैला हुआ था। श्रावस्ती का सम्पूर्ण विस्तार 300 योजन था।

अट्ठकथाचार्य बुद्ध घोष के अनुसार 80 हजार गाँवों में बसे 57 हजार परिवारों से श्रावस्ती की जनसंख्या 18 करोड़ थी। कोसल साम्राज्य में निम्न गणराज्य थे00

### 1. कपिलवस्तु

यह शाक्यों का देश था, इसमें सिद्धार्थ नगर, महाराजगंज जिले से सटा नेपाल का तराई का लगा हुआ क्षेत्र था। ये शाक्य इक्ष्वाकुवंशी क्षत्रियों की एक शाखा में से थे। शाल वन को साफ कर बसने के कारण प्राकृतिक सुषमा से सुआच्छादित यह पवित्रतम श्रावस्ती क्षेत्र आदिकाल से ही तप-ध्यान व अंतअर्नुसंधान के लिए सर्वथा अति उपयुक्त भूमि रही है। इस प्राकृतिक सुलभता से ही इस क्षेत्र में ऋषियों-महर्षियों का संवास रहा है। महाभारत काल में महर्षि अग्निवेश (आमोद) का आश्रम इसी हिम व्रत प्रदेश में था। आचार्य धौम्य व उनके शिष्य उपमन्यु का आश्रम भी यही था। श्वेतकेतु व महर्षि अष्टावक्र की तपोभूमि यह पवित्र शिवालिक-अरण्य रहा था। योग ऋषि पातंजलि बाल्यऋषि नचिकेता, ऋषि च्यवन, ऋषि पाराशर व महर्षि वाल्मीकि इत्यादि की मनोरम तपोभूमि श्रावस्ती ही रही है।

पौराणिक काल से भारतवर्ष को महा जनपदों, प्रदेशों, प्रांतों अथवा अंत:प्रक्षेत्रों के रूप में, समयानुसार प्रशासनिक व राजनैतिक विभाजन अनेक बार हुआ है। प्राकृतिक धरातल की विषमता के अनुसार उदीप्य व दाक्षिणात्य मुख्य विभाजन है। उदीप्य भारत को आर्यावर्त के नाम से जाना जाता है। पूर्व-पश्चिम समुद्र से उत्तर हिमालय से व दक्षिणी विंध्य पर्वत श्रृंखला से घिरा सम्पूर्ण भू-भाग आर्यावर्त है। सम्पूर्ण आर्यावर्त निम्न पाँच भागों में विभक्त था—(1) मध्य प्रदेश, (2) उत्तरांचल, (3) प्राच्य, (4) दक्षिणापथ, (5) उपरांत (पश्चिमी भारत)। फाहियान (चीनी यात्री) ने इसी को पंच भारत (थ्पअम प्दकपं) कहा है। मध्य प्रदेश भारत का हृदय-प्रदेश रहा है। आर्यों एवं बौद्धों के पुरुषार्थ का क्षेत्र मुख्यतः यही क्षेत्र था।

इतिहासकारों ने वायु पुराण को प्रामाणिक-प्राचीनतम ग्रंथ माना है। इस पुराण में पंच भारत के विभिन्न प्रदेशों के जनपदों का भी परिगणन हुआ है। जिसके अनुसार काशी-कोसल महा जनपद पंच भारत के मध्य देश में स्थित था। जैसा कि उल्लेख है कि—

*वत्सा: किसष्णा: कुन्वाश्च कुंतला: काशि-कोसला:।*
*मध्यदेशा जनपदा प्रायशोअमी प्रर्कीर्तिता:॥* (वायु पु.पृ.अ45)

महाराजा रामचंद्र के द्वितीय पुत्र लव की राजधानी श्रावस्ती उत्तर प्रदेश में स्थित थी।

उस समय शुद्धोदन शाक्य कपिलवस्तु के राजा व सिद्धार्थ गौतम के पिता थे। पुरातत्त्व अन्वेषण में जिला सिद्धार्थ नगर से 25 किमी. उत्तर दिशा में प्राचीन कपिलवस्तु की पहचान हो चुकी है। पुरातत्त्व विद डब्लू.सी. पेप्पे ने 1897-98 में यहीं स्तूप से अतिशय महत्त्वपूर्ण (बुद्ध) धातु मंजूषा प्राप्त की थी। सुत्त निपात में भगवान बुद्ध ने स्वयं को आदित्य वंशीय कोसलीय कहा है। ये शाक्य कोसल साम्राज्य के अधीन थे।

यह राम ग्राम के कोलियों का गणराज्य शाक्य राज्य के दक्षिण-पूर्व से सरजू नदी के तट तक फैला था। कोलिय मात्रपक्ष से नागवंशी क्षत्रिय व पितृ पक्ष से शाक्य (सूर्यवंशी) क्षत्रिय थे। इनकी राजधानी राम ग्राम (रामगढ़ ताल-गोरखपुर) थी। कोल (कंकोल) वन को साफ कर बसने के कारण कोलिय कहलाए। शाक्यों-कोलियों में वंश शुद्धि के हेतु में उभय संबंध थे। रोहिणी नदी के जल उपभोग को लेकर युद्धोन्मत्त शाक्यों-कोलियों को बुद्ध भगवान ने स्वयं शांत कराया था।

### मौर्य या मोरिय

ये शाक्य क्षत्रियों की शाखा थे। इनका राज्य कोलिय राजा के पूर्व में स्थित था। राजधानी पिप्पली वन (जिला महाराजगंज में राजधानी नाम गाव) थी। यह क्षेत्र मोरों से भरा था। मांस खाने के लिए ये मोरों को पालते थे। इसी कारण ये सूर्यवंशी क्षत्रिय मौर्य कहलाए।

### मल्ल

ये लक्ष्मण के पुत्र चंद्र केतु मल्ल के वंशज थे। मत्स्य भेद में प्रवीण होने से चंद्र केतु को मल्ल की उपाधि श्रीरामचंद्र ने दी थी। मल्लों के दो गणराज्य थे। एक की राजधानी चंद्रिकापुर (कुशीनगर) थी दूसरे की राजधानी पावा (अपापा नगरी) थी।

### शिशु नाग वंश का शासन

राजा प्रसेनजित् के अवसान के बाद कोसल राज्य की बागडोर मगध नरेश अजातशत्रु (प्रसेनजित् के भानजे व राजा बिंबिसार के पुत्र) के हाथों चली गई। 422 ई. पूर्व तक यहाँ का शासन मगध से, शिशु नाग वंशी राजा अजातशत्रु के वंशजों द्वारा चलता रहा।

इस काल में श्रावस्ती अपने महान उत्कर्ष के शीर्ष पर थी। बौद्ध, जैन एवं ब्राह्मण धर्मों का विकास समन्वित रूप से हुआ था। भारतीय दर्शन के सभी मों, वादों के पल्लवन का यही काल था।

भगवान बुद्ध के श्रावस्ती पधारने के पूर्व जैनियों के अंतिम तीर्थंकर भगवान महावीर के बहुत से मठ यहाँ स्थापित हो चुके थे। जैन धर्म से कोसल नरेश प्रसेनजित् भी प्रभावित थे। जैन ग्रंथों में प्रसेनजित् का नाम जित शत्रु नाम से वर्णित है। मज्झिम निकाय की एक अट्ठकथा के अनुसार लोगों द्वारा यह पूछने पर कि 'किं भंडं अत्थि', (क्या उपलब्ध है) तो उत्तर मिलता था कि 'सब्बं अत्थि', (सब कुछ मिलता है)। कला, साहित्य, शिल्प, शिक्षा, व्यापार, ज्ञान-विज्ञान के परम सौंदर्य व पूर्ण वैभव को प्राप्त श्रावस्ती भगवान बुद्ध के प्रवास से धन्य हो गई थी। यहाँ से धर्म-अध्यात्म का सार्वभौमिक शाश्वत प्रवाह, दिग्दिगंत को आलोकित कर रहा था।

महाऋद्धिमान भंते सीवली, मृदुभाषी ऋद्धिमान भंते लंकुट भद्दिय, अरण्य वासी भंते सुभूति कुंडधान, कविराज भंते वंगीस, देवप्रिय भंते पिलिंद वात्स्य आदि महान भिक्षुकों की जन्मभूमि श्रावस्ती थी। दान शिरोमणि अनाथपिंडक, नालक पिता आदि की जन्मभूमि व मिगार माता विशाखा, सुप्रवासा, कृषा गौतमी, पटाचारा आदि की कर्मभूमि श्रावस्ती ही थी। इसके अतिरिक्त चारों दिशाओं से आनेवाली जनता की भव-भय तारिणी, दुख-ताप विमोचनी श्री सद्धर्म रूपी गोमुख-गंगोत्री का स्रोत यह परम धाम श्रावस्ती, अपने दिव्यतम गौरव में प्रतिष्ठित हुआ।

श्रावस्ती की सुव्यवस्थित राजकीय व्यापारिक महावीथियाँ (राजपथ) उस समय के सभी जनपदों के महानगरों को जोड़ती थीं। श्रावस्ती की भौतिक समृद्धि का रहस्य इसके अंतरराष्ट्रीय व्यापार में था। पालि साहित्य में श्रावस्ती से भी नगरों की दूरी दी गई है। जिसमें श्रावस्ती से तक्षशिला-192 योजन, मच्छिकासंड 30 योजन, उग्गनगर 12 योजन, चंद्रभागा (चिनाब) नदी-120 योजन, साकेत-7 योजन, सकिंषा-30 योजन, राजगृह-45 योजन दूर थे। (एक योजन = 8 मील, 4 कोस =14 किमी. होता है)

अंतरराष्ट्रीय व्यापार का केंद्र बनी श्रावस्ती अब विश्व ब्रह्मांड के लिए अमृत-लाभ का परम आश्रय बन गई थी। चारों दिशाओं से आने वाले धर्म मुमुक्षुवों को आदित्य नाथ बुद्ध की शरण में परम शांति का सुलाभ सहज हो गया था। जहाँ दिन में भगवान बुद्ध के साथ तत्त्वार्थियों का समागम होता था, वहीं रात्रि में देवतागण व ब्रह्मलोक से ब्रह्माजी भी देवाधिदेव लोक गुर तथागत बुद्ध के पास धर्म-लाभ व समागम के लिए आते थे। भगवान बुद्ध को श्रावस्ती बहुत प्रिय थी। यह तथ्य इसी से स्पष्ट होता

है कि जीवन के उत्तरार्ध के 25 वर्षावास (चतुर्मास) भगवान ने श्रावस्ती में ही पूर्ण किए थे। बुद्ध वाणी संग्रह त्रिपिटक के अंतर्गत 871 सूत्रों (धर्म-उपदेशों) को, भगवान बुद्ध ने श्रावस्ती प्रवास में ही दिए थे, जिसमें 844 उपदेशों को जेतवन-अनाथपिंडक महाविहार में व 23 सूत्रों को मिगार माता धर्म-प्रासाद-पूर्वाराम में उपदेशित किया था। शेष 4 सूत्र समीप के अन्य स्थानों पर दिए थे। महा पंडित राहुल सांकृत्यायन के अनुसार मज्झिम निकाय के 150 सूत्रों में से 65 तथा संयुक्त व अंगुत्तर निकाय के 3/4 से अधिक सूत्र जेतवन में भगवान द्वारा कहे गए थे। भिक्षुकों के अधिकांश शिक्षा पदों का उपदेश जेतवन-पूर्वाराम में दिए गए थे। श्रावस्ती प्रवास में भगवान श्रावस्ती के समीपस्थ निम्न स्थानों पर जाया करते थे, जैसे—इच्छानांगल, उवकट्ठा, उग्गनगर, उजुव्वा, ओपसाद, चंडलकप्प, दंडकप्प, नगरक, नगरविंद, नलकपान, पकंधा, मनसाकर, बेनागपुर, सललागारक सालवती, साला, वेणुद्वार, सूकरखेत, उत्तर नगर, तोदेय्य आदि प्रमुख ग्राम-नगर है। भगवान बुद्ध के महान आध्यात्मिक गौरव का केंद्र बनी श्रावस्ती का सांस्कृतिक प्रवाह काल—प्रवाह में भयानक विध्वंसों के बाद वर्तमान में भी यथावत है।

'नासौ मुनिर्यस्य मतं न भिन्नम्' अर्थात् जीवन-जगत के यथार्थ को जानने में लगे ऋषि, मुनि, योगी, ध्यानी, चिंतक अथवा दार्शनिक कभी एक मत नहीं को सके। इस मत भिन्नता को बुद्ध जैसा महान ज्ञानी भी नहीं समाप्त कर सका। इस प्रकार बुद्ध के समय भी नाना मतवाद लोक में श्रद्धा व मान्यता को प्राप्त थे। इसका प्रमाण बुद्ध-वाणी त्रिपिटक में बहुलता से है। जैसे कि—पूरण कास्यप, मक्खलि गोसाल, अजित केसकबलं, पकुध कच्चायन, संजय बेलट्ठपुत्र और निगठं नात पुत्र आदि प्रमुख धर्माचार्य थे। कुछ ब्राह्मण महासाल भी लोक श्रद्धा में प्रसिद्ध थे। जैसे कि (1) गणसा के जानुस्साधक और तोदेय्य, (2) सालवती के लोहिच्य, (3) ओपसाद के चंकी, (4) श्रावस्ती के राज पुरोहित बावरी, (5) सेतव्या के राजन्य पायसि, (6) उक्कट्ठ के पोक्खरसादि आदि।

श्रावस्ती में जन्मे ब्राह्मण कुलों में उत्पन्न प्रमुख भिक्षुकों में—वीर, पुण्णमास, बेलट्ठिसीस, सिंगाल पिता, कुंडल, अजित, निग्रोध, सुगन्ध, हारित, अत्रिय, गहरतिय, पोसिय, सानु, माणव, समिति गुत्र, कस्सप, नीत, विजय, अभय, बेलट्ठिकनि, तेल कनि, खित्तक, अधिमुक्त, महानाम, वल्लिय, सब्बमित्र, उपधान, उत्तरपाल, धिमक, सप्यक, कातियान, पासपरिय एवं अंगुलिमान (अहिंसक) आदि प्रमुख स्थविर ने बुद्ध शरणं में अपना परम पुरुषार्थ सिद्ध कर श्रावस्ती मातृभूमि को गौरवान्वित किया था।

श्रावस्ती के श्रेष्ठ कुल में उत्पन्न होकर प्रव्रज्या लेने वालों में रामणेयक, सुदत्त, एरक, चक्खुपाल, सिरिम, संघरक्षित, एकुयानीय, आतुम, अज्जुन, चंदन, महाकाल, मुदित, गोदत्त, राजदत्त, मालुक्य पुत्र, मिगजात, जेत व ब्रह्मदत्त के नाम प्रमुख हैं इसी क्रम में हीन कुल से हस्तिपालक, विजयसेन, यषोज, सोपाक, सुप्पिय एवं कय्यर करू आदि ने बुद्ध शरणं में साधना करके परम पद अहत्त्व को प्राप्त किया था। अग्र श्राविकाओं में माता विशाखा, पटाचारा, उप्पलवर्णा, सोणा, नकुल माता, सुप्रवासा, किशा गौतमी व सकुला आदि प्रमुख हैं।

## मध्यकालीन श्रावस्ती

### नंदवंश का शासन

अजातशत्रु का पुत्र एवं युवराज उदयभद्र ने अपने पिता को मारकर मगध के राज सिंहासन पर बैठा। उदय ने अपनी राजधानी पाटलिपुत्र को बनाया। सिंहल ग्रंथों के अनुसार उदय भद्र ने 16 वर्षों तक शासन किया।

इनके वंशज अनुरुद्ध, मुड व नागदासक ने 32 वर्षों (443-411 ई.पू.) तक शासन किया। महावंस, नाम सिंहल ग्रंथ से ज्ञात होता है कि इस राजवंश में नागदासक तक सभी राजा पितृ हंता थे। अंततः प्रजा व अमात्यों ने मिलकर इस राजवंश का अंत कर दिया। अमात्य शिशु नाग उस समय वाराणसी का शासक नियुक्त था। इस राज्य-विप्लव के परिणाम यही शिशु नाग मगध की गद्दी पर बैठे। शिशु नाग वैशाली की नगर-शोभनी (गणिका) से उत्पन्न एक लिच्छवी (क्षत्रिय राज्य) का पुत्र था। इसने अवंति के प्रद्योत वंश का नाश करके उत्तर भारत में मगध साम्राज्य का विस्तार किया। शिशु नाग ने 18 वर्षों (411-393 ई.पू.) तक शासन किया। इनके वंशज काली शोक ने 28 वर्ष (365 दिन) तक शासन किया। इस वंश के अंतिम शासक नंद वर्धन 347 ई.पू. तक मगध के शासक रहे।

भारत के राजनीति पटल पर नंदावतरण, एक युगांतरी घटना है। आदिकाल से राजसत्ता का एकाधिकार आभिजात्य क्षत्रियों तक सीमित था। चौथी सदी ई.पू. के मध्य में नामित कुमार (नाई पुत्र) उग्रसेन उपनाम महापद्मनंद ने षड्यंत्रजनित राज्य-क्रांति द्वारा

मगध के राज्य सिंहासन को हस्तगत कर लिया। इस प्रकार हीन कुलों के लिए राज-सत्ता का द्वार खुल गया।

शिशु नागवंश के पतन के बाद नंदवंश ने मगध की गद्दी सँभाली थी। इस वंश की आठवीं पीढ़ी में उत्पन्न राजा महापद्मानंद-धतनंद को आचार्य चाणक्य ने (322 ई.पू.) मरवाकर चंद्रगुप्त मौर्य को मगध के राज्य सिंहासन पर बैठाया।

## मौर्य वंश का शासन

मौर्यों की बहुलता वाले पिप्पलिवन प्रदेश में निवास के कारण सूर्यवंशी इक्ष्वाकुओं की ही एक शाखा मोरिय अथवा मौर्य कहलाई। ये मौर्य कोसलीय थे। इसी कुल से चंद्रगुप्त मौर्य थे। इनके पुत्र बिंदुसार 273 ई.पू. तक शासक रहे तदनंतर इनके पुत्र सम्राट अशोक मगध के शासक हुए। बुद्ध धर्म में सुप्रतिष्ठित होकर चंड अशोक, देवानंप्रिय प्रियदर्शी सम्राट अशोक कहलाए। अपने धर्म पुरुषार्थ से अशोक ने भगवान बुद्ध की महान शिक्षाओं—सद्धर्म को चिर स्थायी करने के लिए बड़ा ही महान कार्य किया। युवराज कुणाल कामातुर रानी सौतेली माता तिष्य रक्षिता की कुटिलता का शिकार होकर अपनी सुंदर आँखें स्वयं फोड़ लीं। अशोक ने अपने इस धर्मिष्ठ पुत्र को तब भी युवराज घोषित किया। साथ में श्रावस्ती का प्रांत मति (शासक) बनाया। सद्धर्म में अनुरक्त कुणाल पितृ आज्ञा से निर्लिप्त भाव से अपने सुयोग्य पुत्र संप्रति के द्वारा शासन चलाते रहे। सम्राट अशोक की मृत्यु के पश्चात् जलौक विद्रोह कर कश्मीर प्रदेश का स्वतंत्र शासक बन बैठा। संप्रति विद्रोही के दमन हेतु उद्यत हुए परंतु क्षमाशील पिता कुणाल ने इसकी अनुमति नहीं दी। कुणाल की सहिष्णुता से शक्तिशाली मगध साम्राज्य के विखंडन का यह दुखद प्रारंभ था। मौर्य वंश का कुल शासन काल (182 ई.पू. तक) 137 वर्षों का रहा। मगध से शासित श्रावस्ती की समृद्धि इस काल में सुविस्तारित हुई थी।

## शुंग शासन

मौर्य वंश के अंतिम सम्राट बृहद्रथ को (182 ई.पू.) सेनापति शुंगवंशी पुष्यमित्र ने मरवाकर स्वयं मगध का शासक बना। पुष्यमित्र ने मगध से हटकर अयोध्या को अपनी राजधानी बनाई थी।

पुष्यमित्र शुंग ने 36 वर्ष (184 ई.पू. से 148 ई.पू.) तक शासन किया। महा भाष्यकार पतंजलि व सम्राट मिनांडर (मिलिंद) पुष्यमित्र के समकालीन थे। बौद्ध ग्रंथों में पुष्यमित्र व

पतंजलि को बौद्धों का द्रोही कहा गया है। दिव्यावदान के अनुसार उसने बौद्धों के बहुत सारे स्तूप ध्वस्त करा दिये थे। श्रमणों के एक सिर की कीमत 100 अशर्फियाँ लगा रखी थी, परंतु सूक्ष्म विश्लेषण में पुष्यमित्र कीक धार्मिक नीति सहिष्णु प्रतीत होती है। प्रसिद्ध भरहुत, साँची आदि स्तूपों का विस्तार शुंगकाल में ही हुआ था। पुष्यमित्र की आठ संतानें एक साथ आठ प्रांतों पर शासन करती थीं। इनके वंशज अग्निमित्र, वसुज्येष्ठ, वसुमित्र, भद्रक, भद्घोष, बज्रमित्र, भागवत और देवभूमि हुए। इस वंश ने 112 वर्षों (184-72 ई.पू.) तक कोसल श्रावस्ती सहित उत्तर भारत पर शासन किया। अंतिम इनके वंशज अनिरुद्ध, मुँह व नागदासक ने 32 वर्षों (443-411 ई.पू.) तक शासन किया। महावंस, नामक सिंहल ग्रंथ से ज्ञात होता है कि इस राजवंश में नागदासक तक सभी राजा पितृ हंता थे। अंततः प्रजा व अमात्यों ने मिलकर इस राजवंश का अंत कर दिया। अमात्य शिशु नाग उस समय वाराणसी का शासक नियुक्त था। इस राज्य-विप्लव के परिणाम में यही शिशु नाग मगध की गद्दी पर बैठे। शिशु नाग वैशाली की नगर-शोभिनी (गणिका) से उत्पन्न एक लिच्छवी (क्षत्रिय राज्य) का पुत्र था। इसने अवंति के प्रद्योत वंश का नाश करके उत्तर भारत में मगध साम्राज्य का विस्तार किया। शिशु नाग ने 18 वर्षों (411-393 ई.पू.) तक शासन किया। इनके वंशज काली शोक ने 28 वर्ष (365 दिन) तक शासन किया। इस वंश के अंतिम शासक नंदिवर्धन 347 ई.पू. तक मगध के शासक रहे।

नंदवंश : शिशु नागवंश के पतन के बाद नंदवंश ने मगध की गद्दी सँभाली थी। इस वंश की आठवीं पीढ़ी में उत्पन्न राजा महापद्मानंद-धतनंद को आचार्य चाणक्य ने (322 ई.पू.) मरवाकर चंद्रगुप्त मौर्य को मगध के राज्य सिंहासन पर बैठाया।

कुषाणों की विजय श्रृंखला में राजा कनिष्क साकेत (अयोध्या) के राजा हुए। शक मध्य एशिया के निवासी यायावर लोग थे। शकों के कबीलों में एक कुषाण भी थे। सदी ई. तक ये मथुरा तक फैल गए थे। कुजुलकर कदफिसस ने भारत में कुषाण राजवंश की स्थापना की। इसी वंश में सुप्रसिद्ध सम्राट कनिष्क हुए थे। श्रावस्ती से 105 कुषाण मुद्राओं की एक निधि प्राप्त हुई थी। कनिष्क का राज्य काल शक संवत् 1 से 24 तक अर्थात् 78 ई. से 102 ई. माना जाता है। कनिष्क बौद्ध धर्मावलंबी था। कनिष्क के संरक्षण में ही कश्मीर में चतुर्थ धर्म संगीत हुई थी। इस प्रकार सम्राट कनिष्क ने बौद्ध धर्म को पुनर्प्रतिष्ठा प्रदान की। इस वंश में वासिष्क, हुविष्क, कनिष्क द्वितीय एवं वासुदेव शासक हुए। इस वंश का शासन 180 ई. तक चला। भगवान बुद्ध से लेकर विक्रमादित्य के शासन काल तक अयोध्या, साकेत के नाम से विख्यात हुई थी। क्रमशः नागवंशी शासन काल में शैव धर्म (शिव-पूजा) का प्राबल्य हुआ। बौद्ध धर्म का बहुत ही ह्रास हुआ। श्रावस्ती पूर्णतः उपेक्षित रही।

## गुप्त शासन

275 ई. में गुप्त शासन के आगमन के साथ चंद्रगुप्त प्रथम ने अपने पुत्र समुद्र गुप्त को उत्तराधिकारी बनाया। गुप्त शासन में वैदिक धर्म पुनर्प्रतिष्ठित हुआ। श्रावस्ती का पराभव तेज हो गया था।

*अनु गंगा प्रयागश्च साकेतं मगधस्तत:।*
*एतान् जनपदान सर्वान भोक्ष्यंते गुप्तवंशजा:॥*

अर्थात् चंद्रगुप्त प्रथम के साम्राज्य में प्रयाग, कोसल एवं मगध सम्मिलित थे। समुद्र गुप्त ने सीमा विस्तार करते हुए समस्त आर्यावर्त तथा दक्षिण भारत अपने अधीन कर लिया था। इतिहासकारों ने समुद्र गुप्त को भारत का नेपोलियन की उपाधि दी है। श्री विक्रम, अजित विक्रम या विक्रमादित्य गुप्त शासकों की शौर्य सूचक उपाधि है। गुप्त शब्द वैश्य जाति का पर्याय नहीं है। मंजुश्री मूल कल्प के अनुसार गुप्त क्षत्रिय वंशज थे। श्री गुप्त इस वंश के प्रवर्तक हुए। चंद्रगुप्त द्वितीय विक्रमादित्य विद्या एवं विद्वानों के संरक्षक थे। उनके दरबार में महाकवि कालिदास नवरत्नों में थे। इसी काल में चीनी यात्री फाहियान ने भारत यात्रा की थी। गुप्त वंश में चंद्रगुप्त तृतीय (495 ई.) अंतिम शासक हुए। हूण सम्राट तोरमाण ने चंद्रगुप्त तृतीय को मारकर शासक बना। तदनंतर हूण शासक मिहिरकुल क्रूरतम शासक हुआ।

## हूण शासन

हूण मध्य एशिया की एक खानाबदोश बर्बर जाति थी। इनके भयंकर बर्बर आक्रमण से गुप्त साम्राज्य तहस-नहस हो गया। ये पश्चिम से भारत में प्रविष्ट हुए थे। मिहिरकुल के राज्यारोहण की तिथि 512 ई. निश्चित की गई है। यह तोरमाण का पुत्र था। इसी काल में चीनी यात्री ह्वेनसांग भारत आया था। मिहिरकुल ने साकल (सियालकोट) को अपनी राजधानी बनाई थी। यह बड़ा ही निर्दयी और अत्याचारी शासक था। मिहिरकुल ने गांधार के 1600 से अधिक बौद्ध मठों को ध्वस्त करवा दिया। राजस्थान के वैराठ व रंगमहल के बौद्ध मठों को तुड़वा दिया। लाखों बौद्धों का कत्ल करवा दिया। हुएनत्सांग ने लिखा है कि वस्तुत: मिहिरकुल धर्म सहिष्णु था। वह बौद्ध धर्म को सीखना-समझना चाहता था। इसके लिए उसने भिक्षु संघ से योग्य आचार्य की माँग की, परंतु धर्माचार्यों ने दंभ एवं मूर्खता का परिचय देते हुए एक नव प्रवज्जित (पूर्व राज सेवक) को मिहिरकुल के पास

भेज दिया। इस अपमान से मिहिरकुल क्रुद्ध होकर बौद्ध धर्म को समूल नष्ट कर देने का संकल्प ले लिया। इसने श्रावस्ती पर आक्रमण कर भयंकर विध्वंस व बौद्धों का नरसंहार किया था। मिहिरकुल के शासन में नरसिंह गुप्त प्रांतीय शासक थे। बौद्धों के क्रूरतम विनाश से तिलमिलाए नरसिंह गुप्त ने मिहिरकुल को श्रावस्ती युद्ध में परास्त कर बंदी बना लिया। नरसिंह गुप्त की माता ने मिहिरकुल को सांसारिक नश्वरता का व पुत्र को क्षमाशीलता का उपदेश देते हुए, मिहिरकुल को छुड़वा दिया। मिहिरकुल भागकर कश्मीर में शरण ली। इस विजय को चिर स्थायी बनाने के लिए नरसिंह गुप्त ने श्रावस्ती के पश्चिम एक रमणीक सरोवर के साथ भव्य बालार्क (सूर्य) मंदिर की स्थापना किया। इसी के साथ तीर्थ यात्रियों के लिए सम्पूर्ण सुविधाएँ दी गईं। यही कालांतर में बालादित्य नगर व अब बहराइच जिला है। बालादित्य (उगता सूर्य) नरसिंह गुप्त की उपाधि थी। 606 ई. में पुष्यभूति वंश के राजा हर्षवर्धन ने सत्ता सँभाली। तब श्रावस्ती पुनः मुख्यालय बनी। इसका उल्लेख आचार्य दंडीकृत दशकुमार चरित में हुआ है।

## मौखरि वर्धन राजवंश का शासन

राजनैतिक विप्लव से मगध की केंद्रीय शक्ति क्षीण हो गई थी। इसका लाभ उठाते हुए सामंतों ने विद्रोह करके अपने को स्वतंत्र कर लिया था। इसी में एक प्रतापी शासक हरिवर्मन हुआ। इसने 540 ई. में कन्नौज को राजधानी बनाकर मौखरि राज्य की स्थापना किया। ये सूर्यवंशी क्षत्रिय थे। इनके वंशज गृहवर्मन को परास्त कर क्षत्रिय वंशी थानेश्वर नरेश हर्ष वर्धन ने कन्नौज को अपने अधीन कर लिया। 606 ई. तक आते-आते महा प्रतापी सम्राट हर्षवर्धन समस्त आर्यावर्त व दक्षिण भारत के शासक हुए। हर्षवर्धन एक महान योद्धा व कुशल शासक था। आर्य मंजुश्री मूल कल्प से इसकी पुष्टि होती है। महाकवि बाणभट्ट समकालीन थे। मधुवन व बाँसखेड़ा से प्राप्त पुरातात्त्विक अभिलेखों से हर्ष के कुशल शासन व वैभव युक्त विशाल साम्राज्य का प्रमाण मिलता है। इस समय श्रावस्ती भुक्ति (प्रांत) के रूप में गौरवान्वित हुई। तब श्रावस्ती प्रांतीय राजधानी बनी। सम्राट हर्षवर्धन ने कन्नौज को राजधानी बनाई। सन् 647 ई. तक शासन करते हुए सम्राट हर्षवर्धन मृत्यु को प्राप्त हुए। हर्षवर्धन की मृत्यु के पश्चात् सत्ता की शतरंज में उनका मंत्री अर्जुन सत्तासीन हुआ। अर्जुन को चीनी नेता बाँग हवेनसी ने पराजित कर बंदी बनाकर अपने साथ चीन ले गया। क्रमशः 713 ई. में कन्नौज की गद्दी पर जहतल राय के पुत्र हरिचंदर (हरिश्चंद्र) सत्तासीन हुए। इसने मुसलिम आक्रांता मुहम्मद-बिन-कासिम को परास्त किया। मौखरियों,

वर्मनों व वर्धन वंशजों का खंडित-विच्छिन्न शासन 770 ई. तक चलता रहा। सातवीं शताब्दी आते-आते पश्चिम में यवनों का आक्रमण तीव्रतम होता गया।

## आयुध वंशी शासन

घरेलू विद्रोह के परिणाम में, आयुध वंशी शासक बने। इनके वंशज ब्रजायुध, इंद्रायुध और चक्रायुध ने 810 ई. तक शासन किया। गुर्जर प्रतिहार राजा नागभट्ट ने चक्रायुध को परास्त कर कन्नौज की राजगद्दी पर बैठे।

## प्रतिहार वंशी शासन

ये प्रतिहार इक्ष्वाकु कुलोत्पन्न सूर्यवंशी क्षत्रिय थे। ये स्वयं को लक्ष्मण का वंशज कहते थे। गुर्जर शब्द गुजरात का पौराणिक नाम है। इस क्षेत्र का होने से ये गुर्जर प्रतिहार कहे गए। इस वंश के नागभट्ट द्वितीय (800-833 ई.) लगभग सम्पूर्ण भारत के सम्राट हुए। इस वंश के महा प्रतापी राजा मिहिर भोज हुए। जिन्हें पृथ्वी उद्धारक आदि वाराह की उपाधि मिली थी। इस काल में श्रावस्ती एक मंडल के रूप में स्थापित हुई। इस वंश में महीपाल अंतिम शासक हुए। इस वंश का शासन काल 846 से 946 ई. तक चला। सुलतान मुहम्मद गजनी के आक्रमण (920 ई.) तक इस वंश का शासन था।

## श्रावस्ती नरेश सुहेलदेव

प्रतिहार शासन की उत्तरोत्तर दुर्बलता के चलते लगभग सभी प्रांत स्वतंत्र हो गए थे। श्रावस्ती भुक्ति (प्रांत) का शासन उन दिनों वैस क्षत्रिय सुधन्वा ध्वज के हाथ में था। इसी वंशावली में मोरध्वज के पुत्र सुहेलदेव 1050 ई. में, श्रावस्ती पर प्रथम मुसलिम आक्रांता सालार मसऊद को कुटिला नी के तट पर युद्ध में परास्त कर दिया था। उसी सालार मसऊद की मजार आज बहराइच में कायम है। इसका विवरण मिराते मसऊदी में मिलता है। दिल्ली में यवन शासकों के आधिपत्य काल 1034 ई. श्रावस्ती के पूर्ण स्वतंत्र शासन राजा सुहेलदेव हुए। राजा सुहेलदेव संभव जैन धर्मानुयायी थे। श्रावस्ती राजधानी बनी। गोंडा, बहराइच,बस्ती, खीरी, सिद्धार्थ नगर आदि के साथ शिवालिक पहाड़ियों तक श्रावस्ती का विस्तार था। सुहेलदेव के वंशजों ने लगभग दो सौ वर्षों 1073 ई. तक निष्कंटक शासन

किया। दिल्ली के तख्त पर गुलाम तुर्कों का शासन सुदूर हो चुका था। इस काल में श्रावस्ती पर आक्रमण व लूटपाट बहुत बढ़ गई थी। ऐसे में इसी राजवंश के महाराज हरी सिंह देव श्रावस्ती से पलायन कर नेपाल चले गए।

## श्रावस्ती पर गहढ़वालों का शासन

पंजाब के गवर्नर महमूद द्वारा कन्नौज व उज्जैन में भयंकर लूटपाट व तबाही मचाकर 1072 ई. वापस लौटने के बाद सम्पूर्ण उत्तर भारत में राजनैतिक स्थिति ध्वस्त हो चुकी थी। ऐसे में यशो विग्रह के पौत्र व मही चंद्र के पुत्र सामंत चंद्रदेव ने अपने बल पर कान्यकुब्ज प्रदेश पर 1085 ई. में कब्जा कर लिया। चंद्रदेव। (1089-1104 ई.) गहढ़वालों की स्वतंत्र सत्ता का संस्थापक हुआ। महाराज चंद्रदेव ने 1072-73 ई. में श्रावस्ती को विजित कर लिया। उस समय श्रावस्ती नरेश (सुहेलदेव के पौत्र) हरि सिंह देव दांगदून-तुलसीपुर (नेपाल) को अपनी राजधानी बनाकर रहने लगे थे। पूर्वजों द्वारा उप-राजधानी के रूप में प्रयुक्त यहाँ सघन वन से घिरा एक सुदृढ़-सुरक्षित दुर्ग था। उन दिनों सम्पूर्ण उत्तर भारत तुर्कों की बर्बर लूटपाट का बार-बार शिकार हो रहा था। इसी काल में दिल्ली सुलतान इल्तुतमिश का पुत्र नसीरुद्दीन बालादित्य नगर (बहराइच) का सूबेदार नियुक्त हुआ। उसने भारी सेना के साथ श्रावस्ती पर आक्रमण करके भयंकर लूटपाट विध्वंस व रक्तपात किया। इसी बर्बर आक्रमण में श्रावस्ती के डेढ़ लाख नागरिक एक साथ काट डाले गए थे। इस आक्रमण के कुछ कालांतर में जलालुद्दीन खिलजी ने क्रूर आक्रमण करके श्रावस्ती का पूर्ण विध्वंस कर दिया। महान वैभवशाली धर्म नगरी श्रावस्ती का अस्तित्व ही खो गया। मात्र खँडहर अवशिष्ट रह गए थे। ऐसी अराजक-आरक्षित स्थिति का अंत करके महाराज चंद्रदेव ने काशी-कोसल व इंद्रप्रस्थ (दिल्ली के समीप के क्षेत्रों) पर अपना शासन कायम कर लिया। बसही अभिलेख 1104 ई. से इस तथ्य की पुष्टि होती है।

इसी वंशावली में सर्व समर्थ-सम्राट गोविंद चंद्र हुए। अपने शासन काल 1110-456ई. में इन्होंने तुर्कों को परास्त कर साम्राज्य को मजबूत विस्तार दिया। इन्हें भारत के सर्व प्रमुख सम्राट का गौरव प्राप्त हुआ। कन्नौज राजधानी के रूप में पुन: उत्कर्ष को प्राप्त हुई। सम्राट गोविंद चंद्र को सन् 1114 ई. के पालि अभिलेख में नवराज गज की उपाधि दी गई। सम्राट गोविंद चंद्र के राज्य काल के बहुत से सोने व ताँबे के सिक्के श्रावस्ती की खुदाई में प्राप्त हुए हैं। मुद्राओं पर श्रीमद गोविंद चंद्र लिखा है। एक भाग पर लक्ष्मी

जी की मूर्ति व त्रिशूल उत्कीर्ण है। सम्राट गोविंद चंद्र के श्रावस्ती जनपद के 1129 ई. के अभिलेख से ज्ञात होता है कि सम्राट ने जेतवन बिहार में रहने वाले भिक्षुकों की सेवा में छह गाँव = दान किया था। इन गाँवों के नाम (1) बाड़ा चतुरासीति पतलीय बिहार, (2) पट्टण (3) उपलउड़ा (4) बब्हायी, (5) मैयी संबद्ध घोसाड़ी एवं (6) पोठिवार संबद्ध प्यासी है। आज इन गाँवों की पहचान होना अति कठिन है। उस समय भिक्षु संघ के प्रमुख भंते बुद्ध रक्षित आचार्य थे। बौद्ध धर्म के प्रति गोविंद चंद्र बहुत ही श्रद्धा व गौरव रखते थे। इनकी दो रानियाँ कुमार देवी व भीम देवी बुद्ध धर्मानुयायी थी।

12वीं सदी में कन्नौज की महारानी कुमारी देवी ने श्रावस्ती के कई बुद्ध विहारों का पुनर्निर्माण किया था। सन् 1258 ई. में सुलतान फीरोजशाह ने पांडववंशी जनवार क्षत्रिय बरियार शाह को गोंडा-बहराइच क्षेत्र का शासक बना दिया। बरियार शाह ने अपनी गद्दी इकौना में बनाई थी। इसके बाद सन् 1800 ई. तक श्रावस्ती अन्धकार में खोई रही।[11] 7 फरवरी, 1856 में अवध का ब्रिटिश-भारत में विलय हो गया। चार्ल्स विंग्स फील्ड गोंडा-बहराइच का प्रथम गवर्नर नियुक्त हुआ।

## मुस्लिम शासन एवं नए राजवंशों की स्थापना

शहाबुद्दीन गौरी उत्तरी भारत को लूटकर यहाँ की अतुल सम्पत्ति लेकर गौर देश को चला गया। अपने जीते हुए प्रदेशों का प्रबंध करने हेतु अपने गुलाम कुतुबुद्दीन (जो उसका सेनापति भी था) को छोड़ गया। 24 जून, 1206 ई. को वह दिल्ली का सुलतान बन गया और उत्तरी भारत में मुसलमानी राज स्थापित हो गया। सन् 1210 ई. में उसकी मृत्यु हो गई और उसके बाद शमसुद्दीन इल्तुतमिश दिल्ली की गद्दी पर बैठा। उसने 1226 ई. में अपने ज्येष्ठ पुत्र मालिक नासिरुद्दीन को अवध का सूबेदार नियुक्त किया। मालिक नासिरुद्दीन महमूद धर्मांध रक्त पिपासु था। उसने तराई क्षेत्र को विजित करने के लिए विशाल सेना भेजी। इस क्षेत्र में भरों एवं डोमों की ही अधिकता थी। यह छोटे-छोटे क्षेत्रों के स्वामी बन बैठे थे। उनका उत्पात चरम सीमा पर था। धर्मान्ध नासिरुद्दीन का उद्देश्य केवल इस भूभाग को जीतना ही नहीं था बल्कि हिंदुओं को जबरन इसलाम धर्म में दीक्षित करना था। उसने तराई क्षेत्र में लाखों हिंदुओं का कत्ल करवाया। भर शासकों का समूलोच्छेद हुआ। अधिकांश मारे गए, कुछ ने इसलाम धर्म कबूल कर लिया और कुछ भागकर पहाड़ों में जा छिपे।

22 मार्च, 1251 ई. को फिरोज तुगलक दिल्ली का सुलतान बना। गद्दी पर बैठते ही फिरोज तुगलक अपनी माँ के आग्रह से मसऊद गाजी की समाधि (कब्र) बनाने के लिए बहराइच आ गया। तराई क्षेत्र के इस भाग पर अपना अधिकार कर लेने पर नासिरुद्दीन ने हिंदुओं के ऊपर कर रोपण के इतने कठोर नियम बनाए कि गाँवों में गरीबी और भुखमरी ने डेरा डाल दिया। लोग पड़ोसी राज्यों की ओर भागने लगे। कालांतर में अकबर के शासन काल में उन्हें राहत मिली जब मालगुजारी निर्धारण की व्यवस्था उपज से हटकर भूमि सीमा (प्रति बीघा) हो गई। बढ़ती जनसंख्या से कर वसूली के लिए शासन व्यवस्था में पहले की प्रशासनिक इकाइयों को छोटा किया गया, जैसे सरकार (मंडल) दस्तूर (जनपद) परगना (उप खंड) महाल एवं तप्पा इत्यादि। 1206 से 1526 ई. तक उत्तरी भारत में दिल्ली सल्तनत का काल था। जिसमें गुलाम, खिलजी, तुगलक, सैयद तथा लोदी इन पाँच मुसलमान वंशों ने शासन किया। उस अवधि में अयोध्या दिल्ली सल्तनत के अधीन था। केवल बीच में 1399 से 1476 ई. तक की अवधि में अयोध्या जौनपुर के शर्की राज्य के अधीन हो गया था।

21 अप्रैल, 1526 ई. को पानीपत के विशाल मैदान में पानीपत का प्रथम युद्ध हुआ जिसमें लोदी वंश का तीसरा तथा अंतिम सुलतान इब्राहीम लोदी प्रथम मुगल सम्राट जहीरुद्दीन मुहम्मद बाबर द्वारा पराजित कर दिया गया और युद्ध में वह वीरगति को प्राप्त हो गया। इस प्रकार उत्तरी भारत में जब बाबर ने मुगल साम्राज्य की नींव रखी तो अयोध्या उसके अधीन हो गया। दिसंबर 1530 ई. में बाबर की मृत्यु होने पर उसका ज्येष्ठ पुत्र नसीरुद्दीन मुहम्मद हुमायूँ सिंहासनारूढ़ हुआ। जिसने 1540 ई. तक शासन किया। 1540 ई. में सूर वंश के संस्थापक शेर शाह सूरी ने हुमायूँ को पूर्णत: पराजित करके निर्वासित कर दिया और अपने वंश की स्थापना की जो 1555 ई. तक चला। 1555 ई. में सूर वंश के अंतिम तथा निर्बल शासक मुहम्मद आदिल शाह की सेनाओं को पराजित करके हुमायूँ ने पुन: राज्य पर अधिकार कर लिया परंतु अगले ही वर्ष जनवरी 1556 ई. में उसकी मृत्यु हो गई। इसके बाद मुहम्मद आदिल शाह की तरफ से उसके प्रधान मंत्री तथा प्रधान सेनापति हेमू ने राज्य पर अधिकार कर लिया। इस प्रकार अयोध्या पर इन लोगों का शासन रहा।

5 नवंबर, 1556 ई. को पानीपत का द्वितीय युद्ध हुआ जिसमें तृतीय तथा महानतम मुगल सम्राट जलालुद्दीन मुहम्मद अकबर ने हेमू को पराजित करके उसका वध कर दिया और उत्तरी भारत में मुगल साम्राज्य की पुनर्स्थापना की। अपने निरंतर विजय-अभियानों के द्वारा अकबर महान ने एक लंबी सफलता अर्जित की। अपने विशाल साम्राज्य के राज्य-

संचालन तथा एक समान शासन-व्यवस्था के लिए जनवरी 1580 ई. में अकबर ने अपने साम्राज्य को बारह सूबों में विभाजित किया जिनमें से एक सूबा 'अवध' भी था, जिसकी राजधानी लखनऊ बनाई गई। अन्य ग्यारह सूबों के नाम थे—आगरा, दिल्ली, इलाहाबाद, अजमेर, अहमदाबाद (गुजरात), बिहार, बंगाल, काबुल, लाहौर (पंजाब), मुलतान और मालवा। 1599 ई. तक इन सूबों की संख्या बढ़कर पंद्रह हो गई थी क्योंकि अकबर के दक्षिण भारत की विजय के फलस्वरूप वहाँ के तीन सूबे—खानदेश, बरार और अहमदनगर भी मुगल साम्राज्य में सम्मिलित कर लिए गए थे। इस प्रकार अकबर के शासन काल से अवध मुगल साम्राज्य का एक सूबा बना दिया गया जो जनवरी 1580 से अक्तूबर, 1818ई. तक एक मुगल सूबा बना रहा। इस अवधि में अपने सूबेदारों को अवध में नियुक्त करके चार शक्तिशाली मुगल सम्राट इस प्रदेश पर शासन करते रहे। परंतु 3 मार्च, 1707 ई. को छठे महान मुगल सम्राट मुहीउद्दीन मुहम्मद औरंगजेब की मृत्यु हो जाने के बाद मुगल साम्राज्य पतनोन्मुख और शक्तिहीन होता गया जिससे अवध की दशा और शासन व्यवस्था भी बिगड़ती गई। निर्बल मुगल सम्राट मुहम्मद शाह 'रंगीला' के राज्यारोहण वर्ष (1719) से 1722 ई. तक गिरधर बहादुर नागर अवध के सूबेदार रहे। अवध की बढ़ती हुई अव्यवस्था से दुखी होकर मुहम्मद शाह ने 1722 ई. में सआदत खाँ को सूबेदार बना दिया। वो एक योग्य प्रशासक और कुशल योद्धा थे जिन्होंने आगे चलकर मुगल शासकों की बढ़ती हुई निर्बलता के कारण अवध में अपनी स्वतंत्र सत्ता स्थापित करके एक ऐसे राजवंश की नींव रखी जिसे हम आज 'नवाबी शासन' के नाम से जानते हैं।[12]

## अवध में ताल्लुकेदारों का अस्तित्व

इतिहास का अवलोकन करने से ज्ञात होता है कि अवध में ताल्लुकेदारों विशेषकर राजपूतों के घराने का अस्तित्व सन् 1200 ई. के बाद से ही मिलता है। यह लगभग आठ-नौ सौ वर्ष का युग माना जा सकता है। ये घराने देश के विभिन्न स्थानों से यहाँ आकर स्थापित हुए। उन्होंने अवध की प्राचीन जातियों से युद्ध करके उनके भूभाग पर अपना प्रभुत्व कायम किया। ये प्राचीन जातियाँ थारू और भर कहलाती थीं। इन्होंने जंगलों को तराशकर भूमि को कृषि योग्य बनाया। इसके साथ ही कई नगरों, कस्बों तथा ग्रामों को भी आबाद किया। धीरे-धीरे उनकी शक्ति छोटे-छोटे राजाओं जैसी हो गई। इनमें से कई बड़े-बड़े राजा और महाराजा भी हुए। ये एक अथवा कई ताल्लुकों के स्वामी हुए। ये अपने आपको राजा भी

कहलाने लगे। इन्हीं में से कइयों को बाबू, भैया, ठाकुर, कहकर भी संबोधित किया जाता था। ये छोटे-छोटे भू क्षेत्रों पर काबिज थे।

अवध का इतिहास खँगालने से पता चलता है कि जब नवाब बुरहानुल मुल्क सआदत खान को अवध प्रांत का सूबेदार (राज्यपाल) नियुक्त किया गया। उन्होंने अवध के हालातों को देखा तो पाया कि अवध पर राजपूत कौम एक शक्तिशाली कौम है जिनसे वे मालगुजारी वसूल करते थे। उस समय अवध में मालगुजारी वसूल करने के दो ही तरीके थे। बड़े-बड़े ताल्लुकेदार और राजा गण सीधे शाही कोश में कर (टैक्स) जमा कर देते थे। अन्य जमींदारों से नाजिम (कमिश्नर) या चकलेदारों के माध्यम से कर वसूला जाता था। मालगुजारी वसूलने से संबंधित कप्तान आर. साहब (अवध दरबार के एक आफिसर) ने रेज़िडेंट को एक रिपोर्ट लिखी कि मालगुजारी वसूलने का बेहतर तरीका यह है कि इसे तहसील के माध्यम से वसूला जाए। जहाँ जमींदार अपना-अपना लगान स्वयं जमा कर सकते हैं। एच.सी. इर्विन ने अपनी प्रसिद्ध पुस्तक 'गार्डेन ऑफ इंडिया' में लिखा है कि अवध में ताल्लुकेदारों के कुछ ऐसे घराने हैं जिनकी हैसियत की तुलना तीन तरह से की जा सकती है। 1. फेडरल चीफ—ये ज्यादातर राजपूत हैं। इनमें से कुछ मुसलमान हो गए हैं। ये लोग किसी एक कुल (घराने) के मुखिया हैं और अपने को राजा कहलाने के अधिकारी हैं। 1856 ई. में अवध में अंग्रेजी सत्ता के समय ये अपने इलाकों के मालिक थे जिससे इनकार नहीं किया जा सकता है। इनमें से कुछ बड़े-बड़े तथा कुछ छोटे-छोटे इलाकों के स्वामी थे। जिसके आधार पर ये मालिक या काबिज समझे जाते थे।

नौ खरीद मावाजात (नए खरीदे गाँव) मोलन कहे जाते थे तथा वह गाँव जिन पर बल पूर्वक अधिकार कर लिया जाता था, यह दाबन के नाम से जाने जाते थे। कारनेगी साहब ने अपनी पुस्तक में ऐसे गाँवों का जिक्र इसलिए नहीं किया क्योंकि अदालत से उन पर बलपूर्वक अधिकार प्रमाणित नहीं हो सका। 2. दूसरी किस्म ताल्लुकेदारों की वह थी जिन्होंने सल्तनत अवध में प्रभाव रखने अथवा किसी बड़े पद पर बने रहने के कारण गाँव प्राप्त किए थे। बकाए की दशा में अक्सर नाजिम (कमिश्नर) व चकलेदारों को बतौर जमानत उनके कब्जे में दे दिए और वह उन्हीं के कब्जे में रह गए। अवध सल्तनत के समय वह गाँव चूँकि उन्हीं के कब्जे में थे अत: बारह वर्ष की अवधि के पश्चात् उन्हें स्वामित्व प्रदान कर दिया गया। इस तरह के ताल्लुकेदार अधिकतर मुसलमान और कायस्थ हैं। 3. तीसरी किस्म अतियादारों (उपहारस्वरूप प्राप्त करने वालों) की है, जिन्हें अंग्रेजी हुकूमत की खैरख्वाही में इलाके मिले हैं। ऐसे

लोगों में अधिकतर पंजाबी हैं। अवध के शासकों के जमाने में ताल्लुकेदारों को अपने इलाकों और अपनी प्रजा पर दीवानी और फौजदारी के अधिकार प्राप्त थे। इनके कार्यों में शासकों की तरफ से कभी हस्तक्षेप नहीं किया जाता था। दिल्ली दरबार से कुछ ताल्लुकेदारों जैसे राजा गोंडा, राजा बलरामपुर और राजा हसनपुर को खिताब राजगी अता करने का हक दिया गया था।

अवध में ताल्लुकेदारों के अस्तित्व और उनकी वास्तविकता के संबंध में चार्ल्स विंग फील्ड (चीफ कमिश्नर अवध) ने अपने लेख में लिखा कि सरकारी अभिलेखों के अनुसार 30 सितंबर, 1964 ई. में यह अंकित है कि अवध में प्रबन्ध ताल्लुकेदारी बंगाल के प्रबंध जमींदारी के अनुरूप हैं। यदि इसका अर्थ यह है कि अवध के ताल्लुकेदारों की दशा और वास्तविकता वैसी ही है जैसी जमींदार बंगाल की थी। जिनकी वास्तविकता आमतौर पर वैसी ही स्वीकार कर ली गई है कि वह अवध के शासकों की ओर से किसानों से कर (मालगुजारी) वसूलने वाले कर्मचारी थे। जिनको आराजी के साथ कोई मालिकाना ताल्लुक नहीं था। यहाँ के ताल्लुकेदार अधिकतर धनाड्य हैं जिनके पूर्वजों ने लगभग 1200-1300 ई. के मध्य यह रियासतें युद्ध में विजय प्राप्त करके और उन्हें आबाद करके हासिल की थीं। पहले जो लोग यहाँ आबाद हुए थे वह उत्तरी भारत पर मुसलमानों के आक्रमण से बचकर यहाँ भाग आए थे। अवध के पूर्वी हिस्सों में अधिकांशत: उन्हीं के वंशज हैं। यह भी कहा जाता है कि राजपूतों की दो बड़ी कौमें यहाँ बसीं। तेरहवीं सदी ई. से पूर्व कन्नौज के राजघराने से संबद्ध लोग भी यहाँ आकर बसे। उसके बाद जो लोग आकर आबाद हुए वे लोग लश्करे इसलाम के साथ आए जो कि अवध पर विजय प्राप्त करने हेतु आए थे।

उस जमाने में अवध के हालत बिलकुल युद्ध के मैदान से थे। भर, अरक और थारू यहाँ की प्राचीन जातियाँ आबाद थीं। जिनके प्रति विद्वानों ने लिखा है कि यही अवध के असली बाशिंदे थे। बाहरी लोगों के आक्रमणों से इन जातियों पर इस तरह कत्लेआम हुआ कि भर-अरक जातियों का नामोनिशान नहीं रह गया, संभवत: कुछ लोग निम्न जातियों में शेष हों। थारू जनजाति के लोग जंगलों के भीतर समा गए। नेपाल की तराई में स्थित ग्रामों में यह अब भी आबाद हैं।

राजपूतों के कब्जे से पहले इस सूबे से मालगुजारी किस प्रकार वसूल की जाती थी, इसका कुछ पता नहीं चलता। हर समुदाय या कबीले का एक सरदार होता था। आराजी की मालगुजारी अथवा हुकूमत उसी से संबद्ध थी। धीरे-धीरे यह गाँव घरानों (खानदानों) में बँट गए। जो आजकल ताल्लुकेदार हैं शनै: शनै: छोटी-छोटी शाखाओं में विभक्त होते

रहे। इस प्रकार यह कई घरानों में स्थापित हो गए। इसके पश्चात् गद्दी परम्परा की रीति प्रारंभ हुई। जिसके कारण भविष्य में विभाजन होना बंद हो गया। विभाजन बंद होने के कारण छोटी शाखाओं के घरानों के लोग एक रईस खानदान की हुकूमत के अधीन रहने लगे। इस प्रकार रियासत कायम हुई और रईस खानदानों ने अपनी रियासत को खूब बढ़ाया और लोगों से गाँवों को लेकर अपने इलाके में शामिल किए।

कुछ घरानों में विभाजन का सिलसिला जारी रहा। यहाँ तक कि ये लोग एक छोटे से जमींदार की हैसियत के रह गए। जैसा कि आमतौर पर जिला लखनऊ और उन्नाव में हुआ है। यहाँ ताल्लुकेदार बहुत कम हैं। इससे स्पष्ट होता है कि राजपूतों में ताल्लुकेदारी, कब्जादारी अर्थात् एक रईस का मालिक आराजी होना जमींदारी से बहुत पुरानी है। चीफ कमिश्नर के अनुसार ताल्लुकेदारी की यह परम्परा राजपूत ताल्लुकेदारों पर अधिक खरी उतरती है। उनकी संख्या अन्य ताल्लुकेदारों से कहीं अधिक है। कुछ मुसलमान ताल्लुकेदारों के पूर्वज शाही फौज के अफसर थे। जिन्होंने इस सूबे पर विजय होने के बाद जागीरें पाईं। कुछ उन सूबों से भी आए थे जो बादशाह जौनपुर राज्य के अधीनस्थ थे। जिनका खात्मा सोलहवीं सदी में हुआ था। चीफ कमिश्नर ने अपने लेख में यह भी लिखा कि तीन महाजन ऐसे भी थे जो बाद में ताल्लुकेदार हो गए। कुछ ताल्लुकेदार ऐसे भी थे जो अवध में चकलेदार थे। उन्होंने ताल्लुकेदारी और इलाके बतौर अम्माल शाही प्राप्त किए थे। इनकी संख्या बहुत कम है। यह भी अजीब बात है कि बादशाह को आराजी और इलाका लेने का शौक बहुत कम ही रहा है।[13]

नवाबी शासन में गोंडा बहराइच निजामत (कमिश्नरी) के अधीन था। सत्रहवीं और अठारहवीं शताब्दी का समय ताल्लुकेदारी तथा रियासतों के उतार-चढ़ाव का समय था। नवाबी शासन में यह क्षेत्र कई छोटी-बड़ी रियासतों में बँटा था। 7 फरवरी, 1956 में बहराइच निजामत से गोंडा को पृथक् कर दिया गया।[14] उस समय बहराइच जनपद छोटी-बड़ी 17 रियासतों में बँटा था जिसमें नवनिर्मित जनपद श्रावस्ती की चार रियासतें भिनगा, जमुनहा, इकौना, भंगहा भी शामिल थीं जिनका विवरण नीचे दिया जा रहा है।

## भिनगा

क्षत्रियों में बिसेन वंश की उत्पत्ति विश्वसेन से हुई है जिनके पिता प्रसिद्ध ऋषि मयूर भट्ट और माता भगवान राम के पुत्र लव के वंशधर अयोध्या के राजा की पुत्री

राजकुमारी सुर्यप्रभा थी। विश्वसेन व उनके वंशजों ने अपने पराक्रम के बल पर अपने राज्य का काफी विस्तार किया। उसका विस्तार अयोध्या से पूरब पटना तक तथा सरयू नदी के उत्तर हिमालय (वर्तमान में मझौली) थी। इसी वंश के लोग 'देव और सेन' की उपाधि धारण करते थे। इसी वंश के महाराजा धूमसेन ने अपने राजकुमारों को 'मल' की उपाधि प्रदान की रूपमल, बोधमल, भवानीमल एवं उदय नारायण मल के पश्चात् वक्र सेन और नाग सेन हुए। मयूर भट्ट की तीन शादियाँ हुई थीं। पहली पत्नी से उदय नारायण मल, दूसरी पत्नी हयकुमारी से वक्रसेन एवं तीसरी पत्नी से नागसेन थे। बिसेन वंश में राजा प्रताप मल हुए। इन्होंने गोंडा जनपद में डिग्सिर परगना में गऊहानि (गौहानी) में अपना निवास बनाया। उनके पुत्र शाहमल और कुसुममल हुए। कुसुममल के उत्तराधिकारी मानसिंह हुए। मानसिंह प्रथम व्यक्ति थे जिन्होंने मझौली की मल उपाधि को छोड़कर सिंह उपाधि को धारण किया था। इनके चार पुत्र थे। बड़े पुत्र नरवाहन सिंह उत्तराधिकारी हुए। इनकी मृत्यु के बाद इनके दूसरे भाई अमर सिंह राजा हुए। इनके बाद राम सिंह ने गद्दी सँभाली। राम सिंह के दो पुत्र थे, बड़े दत्त सिंह और छोटे भवानी सिंह, दोनों प्रसिद्ध शूरवीर थे और अपने युग के इतिहास पर दोनों ने अपनी छाप छोड़ी है।

भवानी सिंह एक प्रशासक के रूप में जितने कुशल थे उतने ही आक्रामक योद्धा भी थे। दत्त सिंह और उनके अपनों द्वारा बावन युद्धों का नेतृत्व किया था। इन्होंने अपने पराक्रम के बल पर भिनगा राज की स्थापना की। इनके तीन पुत्र थे कल्याण सिंह, फतेह सिंह और बड़वंद सिंह। कल्याण सिंह और फतेह सिंह का शासन काल काफी छोटा रहा। बड़्वंद सिंह के समय ही भिनगा की अधिकांश भूमि कृषि योग्य बनाई गई।

1783 ई. में क्रूर नाजिम के द्वारा इनका कत्ल कर दिया गया था और उनके सर को काटकर गोंडा भेज दिया गया था जहाँ इज्जत पवार नामक एक अनुचर द्वारा उनका अंतिम संस्कार किया गया। उनके निधन के बाद क्रमशः पुत्र सर्वदमन सिंह और पौत्र शिव सिंह भिनगा के राजा हुए। एक बार उनके चचेरे भाई जगत सिंह ने उन पर हत्या करने के उद्देश्य से हमला करने का प्रयास किया। शिव सिंह ने उन्हें इस शर्त पर क्षमा कर दिया कि वो कभी फिर अपना मुँह नहीं दिखाएगा। उन्हें गोंडा भेज दिया गया जहाँ उन्होंने देवतहा में एक छोटा सा ताल्लुका कायम किया। उन्होंने शिव सिंह के तीसरे पुत्र काली प्रसाद सिंह को गोद लिया। काली प्रसाद निःसंतान मरे अतः यह ताल्लुका भी देवतहा के अधीन हो गया। जगत सिंह उच्च कोटि के कवि भी थे। वे वैदिक ज्ञान में भी पूर्णतया दक्ष थे।

राजा शिव सिंह की मृत्यु 1826 में हुई। उनके बड़े पुत्र सर्वजीत सिंह की मृत्यु अपने पिता की मृत्यु से तीन वर्ष पूर्व (1823) में 32 वर्ष की अवस्था में हुई थी। उनके बाद उनके एकमात्र पुत्र कृष्ण दत्त सिंह (अवयस्क) राज के स्वामी हुए। इनका जन्म 1821 में हुआ था और बालिग होने पर 1836 में गद्दी मिली। इनकी अल्पायु के दिनों में राज प्रबंध इनकी दादी विद्याकुमारी देखती थीं। 1839 में नाजिमा बेगम बजुन्निशा से बारह दिनों तक युद्ध चला। रसद की कमी के कारण किले को खाली करना पड़ा। नगर लूट लिया गया और किले को जला दिया गया। अत्यधिक कर वसूलने के कारण दो बार नाजिमों से इनका युद्ध हुआ।

सन् 1836 में किले के निकट जंगल में कुछ बंदूकें मिलने के कारण भिनगा का आधा राज्य जब्त कर लिया गया। इसका एक बड़ा भाग बलरामपुर रियासत को मिला। मई 1862 में अवध के तत्कालीन चीफ कमिश्नर सर जार्ज पूल के साथ शिकार करते समय गोली चल जाने से राजा कृष्ण दत्त सिंह की मृत्यु हो गई। वे संस्कृत के अच्छे विद्वान थे। उनका संस्कृत पुस्तकों का ग्रंथालय इस प्रांत के सर्वोत्तम ग्रंथालयों में से एक था। वे स्वयं कवि थे और कवियों के आश्रयदाता भी थे। इनके निधन के पश्चात् 03 सितंबर, 1850 में जन्मे उनके पुत्र उदय प्रताप सिंह राज के उत्तराधिकारी हुए। उस समय इनकी आयु मात्र 12 वर्ष की थी अतः राज का कार्य कोर्ट ऑफ वार्ड्स के अधीन चलता था। 1869 में इन्होंने राज्य का पूर्ण उत्तरदायित्व ग्रहण किया। उनके दो भाई जगदंबिका प्रताप सिंह तथा राजेंद्र जी का विवाह अगोरी बड़हर (मिर्जापुर) के राजा रघुनाथ शाह देव की छोटी पुत्री से संपन्न हुआ था। उनकी उल्लेखनीय समाज सेवा ने भिनगा का नाम अमर कर दिया।

मई 1884 में ब्रिटिश महारानी क्वीन विक्टोरिया ने लंदन में उनसे भेंट की और उन्हें कोर्ट ऑफ आर्म्स तथा सी.एस.आई. का खिताब प्रदान किया। उनको उनकी परम्परागत 'राजा' की उपाधि से से विभूषित किया गया। उनके सामाजिक, शैक्षिक तथा धार्मिक कार्यों से प्रसन्न होकर क्षत्रिय महासभा ने उन्हें राजर्षि की उपाधि भेंट की जिसे ब्रिटिश सरकार ने भी मान्यता दी। आपने उदय प्रताप महाविद्यालय वाराणसी की स्थापना की जो आज भी क्रीड़ा और शैक्षिक स्तर के लिए देश में विशिष्ट स्थान रखता है। इनके दो पुत्र सुरेंद्र विक्रम सिंह एवं कुंवर महेंद्र विक्रम सिंह कुशल घुड़सवार तथा पोलो के प्रसिद्ध खिलाड़ी थे। इन दोनों का निधन पिता की मृत्यु से पूर्व हो गया था। पुत्रों के असमय निधन से राजर्षि ने सन्यासी जीवन व्यतीत करना आरंभ कर दिया। 1913 में उनके निधन के पश्चात् उनके छोटे भाई कुँवर राजेंद्र बहादुर सिंह राजा बने। वे अपूर्व

बलशाली थे। वे अपनी अँगुलियों से चाँदी और सोने के सिक्के मोड़ दिया करते थे। उनके चारों पुत्र युवराज वीरेंद्र कांत सिंह, कुँवर हरेंद्र कांत सिंह, कुँवर जयेंद्र कांत सिंह तथा योगेंद्र कांत सिंह फुटबाल के अच्छे खिलाड़ी थे।

1926 में वीरेंद्र कांत सिंह ने भिनगा का राज्य भार सँभाला। इनके दो पुत्र हुए युवराज अलक्षेंद्र कांत सिंह और क्षमेंद्र कांत सिंह। यह दोनों भी अच्छे खिलाड़ी थे। इनके समय में क्रीड़ा को प्रोत्साहन मिला। बाहर की टीमें भी भिनगा आने लगी। 1942 में युवराज अलक्षेंद्र कांत सिंह का आकस्मिक निधन हो गया। पुत्र शोक के कारण कुछ ही दिनों में राजा वीरेंद्र कांत सिंह चल बसे। दिवंगत युवराज की धर्मपत्नी ने 1946 में पति के स्मारक के रूप में अलक्षेंद्र कांत इंटर कॉलेज की स्थापना की। उनके बाद राजा चंद्र मणि कांत भिनगा रियासत के स्वामी हुए। आप भी एक अच्छे खिलाड़ी हैं। फुटबाल, टेनिस, तैराकी और पर्वतारोहण आदि में इनकी विशेष रुचि है। 1962 से 67 तक इन्होंने लगभग 50 प्रतियोगिताओं में भाग लेकर विजय प्राप्त की। वन्य जीवों के संरक्षण हेतु आपने शिकार छोड़ दिया और 1966 से वाइल्ड लाइफ प्रिजरवेशन सोसाइटी के आजीवन सदस्य बन गए। 1973 में नेशनल शूटिंग प्रतियोगिता में कांस्य पदक प्राप्त किया। 1972-1982 में उन्होंने रजत पदक प्राप्त किया। आपको घुड़सवारी और कुत्तों का बेहद शौक है। भिनगा कैनेल के नाम से इनके कुत्ते देश भर में आयोजित प्रतियोगिताओं में भाग लेते हैं। आप 6 बार लगातार विधायक रहे हैं। आपके दोनों पुत्र रुद्र मणि कांत सिंह तथा अलक्षेंद्र कांत सिंह (द्वितीय) को भी क्रीड़ा से अत्यधिक लगाव है। राजा साहब भिनगा कोट बहराइच के अलावा भिनगा हाउस कैंट रोड लखनऊ में अपना अधिक समय व्यतीत करते थे। अभी हाल ही में उनका निधन हो गया है। इनके भाई उपेंद्र विक्रम सिंह जी भी भिनगा में निवास करते हैं।

अंजुमन हिंद अवध की ओर से भेंट देने के लिए इस ताल्लुके के लिए 35 अशर्फियाँ निश्चित की गई थीं। अवध के दरबार में इस ताल्लुके का नंबर 97 था।[15]

## जमदान/जमुनहा

मूलतः यह ताल्लुका चर्दा का एक भाग था। सत्तावनी क्रांति में कपूरथला पंजाब को पुरस्कार स्वरूप चर्दा का ताल्लुका दिया गया। जमदान (जो कि बाद में जमुनहा के नाम से प्रसिद्ध हुआ) का इलाका पंजाब के एक गोंदल सूद क्षत्रिय सरदार जय सिंह को सत्तावनी

क्रांति में अंग्रेजों का साथ देने के बदले पुरस्कारस्वरूप दे दिया गया। उनके निधन के बाद सरदार हीरा सिंह उत्तराधिकारी हुए। हीरा सिंह नि:संतान थे। उन्होंने अपनी बहन के पोते करम सिंह को गोद लिया। राजा हीरा सिंह काफी लोकप्रिय थे। उन्होंने अपने राजकाल में कई मंदिरों, मस्जिदों एवं गुरुद्वारों, शिवालयों तथा तालाबों का निर्माण कराया। इनकी जनप्रियता को देखते हुए इन्हें 1888 ई. में राजा की उपाधि मिली। इन्होंने अपने बूते पर ताल्लुके की संपत्ति कई गुना बढ़ा ली थी। सरदार हीरा सिंह की संपत्ति की देख-रेख सरदार लाभ सिंह करते थे जो कि उस समय आनरेरी मजिस्ट्रेट थे। ताल्लुके की सनद सरदार जय सिंह को मिली थी। सन् 1935 में सरदार करम सिंह इस ताल्लुके पर काबिज़ थे। अंजुमन हिंद अवध की ओर से भेंट देने के लिए इस ताल्लुके के लिए 9 अशरफियाँ निश्चित की गईं थीं। अवध के दरबार में इस ताल्लुके का नंबर 227 था।[16]

## इकौना

सन् 1266-67 में नासिरुद्दीन महमूद की मृत्यु के पश्चात् जब बलबन सुलतान बना तो उसने बहराइच के तत्कालीन सूबेदार मलिक ताजुद्दीन गौरी की सिफारिश पर, पावागढ़ के युवराज बरियार शाह को रिहा करके बहराइच में लूटपाट द्वारा आतंक मचाने वाले कबीलों को दमन करने का दुष्कर कार्य सौंपा। बलबन से आज्ञापत्र / पाकर युवराज बरियार शाह का दमन कर संवत् 1325 वि. में इकौना में जनवार ताल्लुके की स्थापना की। इकौना में अपनी राजधानी स्थापित करने से पूर्व राजा बरियार शाह धरसवाँ ग्राम में सबसे पहले आकर आबाद हुए थे जो बहराइच-बलरामपुर मार्ग पर स्थित है।

बरियार शाह इकौना में जिसका नाम उस समय खानपुर महादेव था दुर्ग बनाकर राज प्रबंध करने लगे। उन्होंने 1269 से 1305 ई. तक राज किया उसके पश्चात् उनके पुत्र राजा अचल देव उत्तराधिकारी हुए इन्होंने 1305-1321 तक राज किया। 16 वर्ष तक राज करने के बाद आप स्वर्गवासी हुए। सन् 1321 तक आपके पुत्र राजा धीर शाह ने राज काज सँभाला सन् 1363 से 1388 ई. तक आपके पुत्र राजाराम शाह उत्तराधिकारी रहे। उसके पश्चात् इनके पुत्र राजा विष्णु शाह ने सन् 1388 से 1404 ई. तक राज प्रबन्ध किया। सन् 1404 से 1439 ई. तक आपके पुत्र राजा गंगा सिंह ने गद्दी सँभाली और राज काज के कार्य सम्पन्न किए। गंगा सिंह की मृत्यु हो जाने पर उनके ज्येष्ठ पुत्र राजा माधव सिंह गद्दी पर बैठे। इन्होंने। इकौना राज की पूर्वी सीमा पर स्थित रामगढ़ गौरी

परगने के तत्कालीन भू-स्वामी खेमू चौधरी और बादल बढ़ई को पराजित करके उनका राज्य अपने अधीन कर लिया। वर्तमान खंमौआ ग्राम में खेमू चौधरी की गढ़ी के वंशावशेष अब तक विद्यमान है। राजा माधव सिंह अपने इस विजित प्रदेश में शासन व्यवस्था सुदृढ़ करने के उद्देश्य से अपने छोटे भाई गणेश सिंह को इकौना राज का प्रबंध सौंपकर स्वयं रामगढ गौरा आ बसे।

गणेश सिंह की तीसरी पीढ़ी में महासिंह हुए। सन् 1635 पदवी और वेतन इस परिवार से छीन लिया गया था। महासिंह के समय गुजीगंज और जगन्नाथपुर ताल्लुके इसी घराने के अन्य लोगों द्वारा कब्जा कर लिए गए। बरियार शाह की ग्यारहवीं पीढ़ी में चैन सिंह हुए जिन्होंने 1716 ई. में महासिंह के समान फरमान प्राप्त किया। इसी समय इनके भाई प्रताप सिंह गंगवल इलाके में स्थापित हुए। 1816 तक यह ताल्लुका गोंडा के राजा से सीमा विवाद को लेकर उलझा रहा। कई बार लड़ाई भी हुई। चैन सिंह की दो पुश्तों के बाद अवधूत सिंह हुए। अवध गजेटियर लिखता है कि ये इस घराने के प्रथम पुरुष थे जो मानसिक रूप से विक्षिप्त थे। इनकी सोलहवीं पीढ़ी में विजय सिंह हुए और उनके पुत्र लाल बहादुर सिंह भी इस रोग का शिकार रहे। प्रथम बंदोबस्त के समय कैत प्रकाश सिंह ताल्लुके के स्वामी थे। सत्तावनी क्रांति में ब्रिटिश हुकूमत के विरोधी होने के कारण इस ताल्लुके के दो भाग करके कपूरथला और बलरामपुर रियासत को दे दिए गए।[17]

## भंगहा

यह ताल्लुका पूर्णतया बनजारों के कब्जे में था। इसका संबंध भिनगा ताल्लुके से भी था। सत्तावनी क्रांति के बाद ब्रिटिश सरकार को यहाँ से बंदूकें मिलीं जिससे क्षुब्ध होकर सरदार शेर सिंह का स्वामित्व समाप्त कर उनके पौत्र सरदार बघेल सिंह को यहाँ का उत्तराधिकारी घोषित किया गया। बहराइच गजेटियर लिखता है कि सत्तावनी क्रांति के बाद यह ताल्लुका महाराजा रणजीत सिंह (लाहौर) के घराने के सरदार फतेह सिंह और जगत सिंह को दे दिया गया। ताल्लुके की सनद सरदार शेर सिंह को मिली थी। सन् 1935 में सरदार अवतार सिंह इस ताल्लुके पर काबिज़ थे। अंजुमन हिंद अवध की ओर से भेंट देने के लिए इस ताल्लुके के लिए 9 अशर्फियाँ निश्चित की गई थीं। अवध के दरबार में इस ताल्लुके का नंबर 228 था।[18]

## सन्दर्भ


1. 'एतावाचो मनुष्याणां ग्रामसंवासवस्तिनाम्, शृण्वन्नतिययौवीरः कोसलान्कोसलेश्वरः', अयोध्याकांड 49,8
2. कोसलपुरी श्रावस्ती, डॉ. जगदेव सिंह, पृ. 5 से उद्धृत
3. वही
4. वायु पुराण, अध्याय 88, 197-98
5. वाल्मीकि रामायण, उत्तर कांड, सर्ग 1, 107, 17
6. रामायण, उत्तर कांड 108,5
7. मेमोयर्स ऑफ़ दि आर्कियोलॉजिकल सर्वे आफ इंडिया, भाग 50, पृ. 7
8. ऐतिहासिक स्थानावली [लेखक : विजयेंद्र कुमार माथुर, प्रकाशक : राजस्थान हिंदी ग्रंथ अकादमी, जयपुर, [पृ. 915-918]
9. alvitrips.com/श्रावस्ती का इतिहास-हिस्/ से उद्धृत
10. alvitrips.com/श्रावस्ती का इतिहास-हिस्/ से उद्धृत
11. districts.ecourts.gov.in/shravasti/history-hindi वेबसाइट से साभार
12. अवध के ताल्लुकेदार, पवन बख्शी, पृ. 18-20 से उद्धृत
13. वही, पृ. 53-56 से उद्धृत
14. तपोभूमि, पवन बख्शी, पृ. 241
15. अवध के ताल्लुकेदार, लेखक पवन बख्शी पृ. 301-304 से उद्धृत।
16. वही, पृ. 322 से उद्धृत।
17. तपोभूमि, लेखक पवन बख्शी, पृ. 136 से उद्धृत।
18. अवध के ताल्लुकेदार, लेखक पवन बख्शी, पृ. 322-23 से उद्धृत।

अध्याय : 3

# प्रथम स्वाधीनता संघर्ष की पृष्ठभूमि और स्वातंत्र्य समर में श्रावस्ती वासियों की भूमिका

## चिनहट का युद्ध

अवध के चीफ कमिश्नर हेनरी लॉरेंस ने 30 जून, 1857 को करीब 600 सिपाहियों के साथ चिनहट की तरफ कूच किया। जून की गर्मी से बेहाल अंग्रेजों को इस बात का अंदाजा भी नहीं था कि क्रांतिकारियों की तादाद छह हजार नहीं, बल्कि 15 हजार के करीब है। अंग्रेजों और क्रांतिकारियों के बीच युद्ध शुरू हुआ। क्रांतिकारियों व किसानों के हुजूम के सामने अंग्रेजी सेना टिक नहीं सकी और अंग्रेज उलटे पाँव भाग खड़े हुए। तब क्रांतिकारियों ने भारी संख्या में अंग्रेजी सेना का गोला-बारूद, तोपें और बंदूकें अपने कब्जे में कर लिया।

चिनहट युद्ध से दो दिन पहले 28 जून, 1857 को जब हेनरी लॉरेंस चीफ को यह खबर मिली कि मौलवी अहमद उल्लाह शाह के साथ एक टुकड़ी उनकी ओर बढ़ रही है और बाराबंकी के नवाबगंज पहुँच चुकी है तो हेनरी लॉरेंस ने कैप्टन एच फोब्स को उन्हें रोकने के लिए भेजा। कैप्टन के नेतृत्व में करीब 100 सिख घुड़सवार व 500 पैदल सिपाहियों की एक टुकड़ी इन क्रांतिकारियों की तलाश में चिनहट पहुँची। दिन भर जंगलों की खाक छानने के बाद टुकड़ी शाम को रेजिडेंसी लौट आई। उधर इसी शाम मौलवी अहमद उल्लाह शाह व उनके अन्य साथियों ने चिनहट में कठौता झील के पास डेरा डाल दिया। तलाश में डेरा डालकर बैठे थे कठौता झील के पास। खाली हाथ लौटी अंग्रेजी टुकड़ी से विचार-विमर्श के बाद हेनरी लॉरेंस ने लखनऊ सरहद पर उनसे युद्ध की योजना बनाई। दो दिन बाद अंग्रेजी फौज अपने आधुनिक हथियार से लैस लोहे

वाले पुल (डालीगंज) से निकलकर कुकरैल के रास्ते चिनहट पहुँची। लेकिन मौलवी को इसकी भनक लग गई। इसमाइलगंज पहुँचने पर, विद्रोहियों ने लॉरेंसिस की सेना के अचानक 6,000 से 600 लोगों तक को गिरफ्तार कर लिया था। विद्रोहियों ने पत्थर की दीवारों और गाँव में अच्छी तरह से तैयार पदों पर थे, और जल्द ही लॉरेंस की सेना पर भारी हताहतों को जन्म दिया, विशेष रूप से 32वें फुट रेजिमेंट के अभिनय कमांडिंग अधिकारी, लेफ्टिनेंट कर्नल विलियम केस की हत्या हुई थी 13वें मूल इन्फेंट्री गाँव के अधिकार पर हमला करने में थोड़ा अधिक सफल थे [3]:484 लेकिन विद्रोही अच्छी तरह से बढ़े और अच्छी तरह से नेतृत्व कर रहे थे। बाद के तथ्य के लिए कुछ प्रमुख जीतों में से एक को जिम्मेदार ठहराया जा सकता है, जो पूरी तरह से 'विद्रोह' के दौरान अंग्रेजों के साथ खुले मुकाबले में विद्रोही बलों को प्राप्त किया जाता है।

चिनहट की लड़ाई 30 जून, 1857 को ब्रिटिश सेनाओं और भारतीय विद्रोहियों के बीच, चिंतहाट (या चिनहट), अवध के पास इसमाइलगंज में लड़ी गई थी। अंग्रेजों का नेतृत्व ओउड के मुख्य आयुक्त, हेनरी लॉरेंस ने किया था। विद्रोही बल, जिसमें ईस्ट इंडिया कंपनी की सेना और स्थानीय भूमि मालिकों के रखरखाव से विद्रोहियों का समावेश था। इस भीषण युद्ध में 182 भारतीय नागरिकों के साथ 118 अंग्रेज सैनिक व 54 यूरोपियन नागरिकों की जानें गई थीं। चार जुलाई को रेजीडेंसी में हुए हमले के दौरान बुरी तरह घायल हेनरी लॉरेंस ने भी दम तोड़ दिया। पलट दिया था अंग्रेजी हुकूमत का पासा।

## ओबरी युद्ध के नायक : राजा बलभद्र सिंह

भारत माँ को दासता की बेड़ियों से मुक्त कराने के लिए देश का कोई कोना ऐसा नहीं था, जहाँ छोटे से लेकर बड़े तक, निर्धन से लेकर धनवान तक, व्यापारी से लेकर कर्मचारी और कवि, कलाकार, साहित्यकार तक सक्रिय न हुए हों। यह बात और है किसी को इस संग्राम में सफलता मिली, तो किसी को निर्वासन और वीरगति।

प्रसिद्ध लेखक राकेश शर्मा अपने एक लेख में लिखते हैं कि 18 वर्षीय जमींदार बलभद्र सिंह ऐसे ही वीर थे। उनके पास 33 गाँवों की जमींदारी थी। उनकी गाथाएँ आज भी लोकगीतों में जीवित हैं। 1857 में जब भारतीय वीरों ने मेरठ में युद्ध प्रारंभ किया, तो अंग्रेजों ने सब ओर भारी दमन किया। अवध के नवाब वाजिद अली शाह की गिरफ्तारी के बाद उनकी बेगम हजरत महल ने लखनऊ छोड़कर राजा हरदत्त सिंह (बौड़ी) के गढ़ को

केंद्र बनाया। उन्होंने वहाँ अपने विश्वासपात्र राजाओं, जमींदारों तथा स्वाधीनता सेनानियों की बैठक बुलाकर सबको इस महासंग्राम में कूदने का आह्वान किया।

अपने छोटे भाई छत्रपाल सिंह के विवाह के कारण बलभद्र सिंह इस बैठक में आ नहीं पाए। बेगम ने उन्हें बुलाने के लिए एक विशेष संदेश वाहक भेजा। इस पर बलभद्र सिंह बारात को बीच में ही छोड़कर बौड़ी आ गए। बेगम ने उन्हें सारी योजना बताई, जिसके अनुसार सब राजा अपनी सेना लेकर महादेवा (बाराबंकी) में एकत्र होने थे। बलभद्र सिंह ने इससे पूरी सहमति व्यक्त की और अपने गाँव लौटकर सेनाओं को एकत्र कर लिया।

जब बलभद्र सिंह सेना के साथ प्रस्थान करने लगे, तो वे अपनी गर्भवती पत्नी के पास गए। वीर पत्नी ने उनके माथे पर रोली-अक्षत का टीका लगाया और अपने हाथ से कमर में तलवार बाँधी। इसी प्रकार राजमाता ने भी बेटे को आशीर्वाद देकर अंतिम साँस तक अपने वंश और देश की मर्यादा की रक्षा करने को कहा। बलभद्र सिंह पूरे उत्साह से महादेवा जा पहुँचे।

महादेवा में बलभद्र सिंह के साथ ही अवध क्षेत्र के सभी देशभक्त राजा एवं जमींदार अपनी सेना के साथ आ चुके थे। वहाँ राम चबूतरे पर एक सम्मेलन हुआ, जिसमें सबको अलग-अलग मोर्चे सौंपे गए। बलभद्र सिंह को नवाबगंज के मोर्चे का नायक बनाकर बेगम ने शाही चिह्नों के साथ 'राजा' की उपाधि और 100 गाँवों की जागीर प्रदान की।

बलभद्र सिंह ने 16,000 सैनिकों के साथ मई 1958 के अंत में ओबरी (नवाबगंज) में मोर्चा लगाया। वे यहाँ से आगे बढ़ते हुए लखनऊ को अंग्रेजों से मुक्त कराना चाहते थे। उधर अंग्रेजों को भी सब समाचार मिल रहे थे। अत: ब्रिगेडियर होप ग्राण्ट के नेतृत्व में एक बड़ी सेना भेजी गई, जिसके पास तोपखाने से लेकर अन्य सभी आधुनिक शस्त्र थे।

13 जून को दोनों सेनाओं में भयानक युद्ध हुआ। बलभद्र सिंह ने अपनी सेना को चार भागों में बाँटकर युद्ध किया। एक बार तो अंग्रेजों के पाँव उखड़ गए; पर तभी दो नई अंग्रेज टुकड़ियाँ आ गईं, जिससे पासा पलट गया। कई जमींदार और राजा डरकर भाग खड़े हुए; पर बलभद्र सिंह चहलारी वहीं डटे रहे। अंग्रेजों ने तोपों से गोलों की झड़ी लगा दी, जिससे अपने हजारों साथियों के साथ राजा बलभद्र सिंह भी वीरगति को प्राप्त हुए।

इस युद्ध में राजा बलभद्र सिंह चहलारी के साहस की अंग्रेज सेना नायकों ने भी बहुत प्रशंसा की है; पर इसमें पराजय से भारत की स्वतंत्रता का स्वप्न अधूरा रह गया।

30 जून, 1857 को ब्रिटिश सेनाओं और भारतीय विद्रोहियों के बीच, चिनहट, अवध के पास इसमाइलगंज में लड़ी गई थी। अंग्रेजों का नेतृत्व ओउड के मुख्य आयुक्त, हेनरी लॉरेंस ने किया था। विद्रोही बल, जिसमें ईस्ट इंडिया कंपनी की सेना और स्थानीय भूमि

मालिकों के रखरखाव से विद्रोहियों का समावेश था, का नेतृत्व कंपनी की सेना के एक अधिकारी बरकत अहमद ने किया था यह लड़ाई भारतीयों ने जीती थी।[1] राजा बलभद्र सिंह को स्वर्गवास वीरगति मिती जेठ सुदी 8 दिन इतवार संवत् 1913 वि. था। राजा की अवस्था उस वक्त 18 बरस 3 दिन की थी।

## मसजिदिया किला की लड़ाई

शरावती स्थित मसजिदिया का किला रानी तुलसीपुर का किला था। नेपाल सीमा से चीन से सटा और जंगल होने के कारण क्रांतिकारियों के लिए यह एक सुरक्षित स्थान था। जब क्रांतिकारी यहाँ एकत्रित हुए तो कर्नल हारनेस को इसकी भनक लग गई। कर्नल हारनेस ने सूचित किया कि "मैंने भारत में जितने किले देखे उनमें ऐसी सुरक्षा व्यवस्था नहीं पाई, यद्यपि अन्य किलों की भाँति इसमें तोप के गोलों से बचाव की व्यवस्था नहीं है, फिर भी यह किला अवध के किलों में सबसे शक्तिशाली किला है।"[2] यह रिपोर्ट ब्रिटिश फौजों के प्रधान सेनापति लॉर्ड क्लाइड ने भारत के गवर्नर जनरल को राप्ती कैम्प से 7 जनवरी, 1859 को प्रेषित की थी।

यह शक्तिशाली किला अवध क्रांति के अंतिम युद्ध का गवाह है, जहाँ क्रांतिकारी सेना को 27 दिसंबर को ब्रिटिश फौजों से सामना हुआ था। निरंतर तीन घंटे घमासान गोलाबारी के बाद ब्रिटिश फौजें इस किला पर कब्जा कर पाने में सफल हो पाई थीं। इस किला में तोप के गोलों से बचाव की कोई व्यवस्था न होने के कारण किला बड़ी आसानी से अंग्रेजों के हाथों में आ गया। यहाँ अंग्रेजों को बहुत बड़ी मात्रा में अस्त्र-शस्त्रों का भंडार के साथ कई तोपें प्राप्त हुईं। क्रांतिकारी पराजित होकर तुलसीपुर की ओर पलायन कर गए। ब्रिटिश फौजों ने 28 दिसंबर को किला ढहाकर नष्ट कर दिया।[3]

### राजा का नेपाल प्रस्थान

राजा जगजोत सिंह बेगम हजरत महल के साथ अन्य क्रांतिकारियों की भाँति नेपाल की सीमा में प्रवेश कर गए, क्योंकि सभी तुलसीपुर की आखिरी लड़ाई में मात खा गए थे। राजा भी अन्य क्रांतिकारियों के साथ 31 दिसंबर, 1859 को नेपाल के जंगलों में पहुँच

गए, जहाँ वे अस्थायी रूप से रहने लगे और बहुत दिनों तक जीवित रहे।[4] सत्ता पर पुनः काबिज होने के बाद अंग्रेजों ने अपने विरोधियों से बदला लेना शुरू किया, इस कारण चर्दा का किला नष्ट कर दिया और वहाँ की तोपें जब्त कर ली। महारानी विक्टोरिया की घोषणा में दी गई समय सीमा में आत्मसमर्पण न करने वाले ताल्लुकेदारों की रियासतें जब्त की गईं। अंग्रेजों ने जब्त किए गए गाँवों को अपने वफादार गद्दार राजाओं में बाँट दिया। चर्दा राज्य के सभी 428 गाँव जब्त करके उसमें से 255 गाँव महाराजा बलरामपुर को, 147 गाँव नवाब अली खान को और 26 गाँव हीरा सिंह को दे दिए गए।[5]

चर्दा के राजा का निधन कब और कहाँ हुआ अज्ञात है, मगर इतना ज्ञात है कि वे क्रांति के बाद बहुत दिनों तक जीवित रहे और इधर-उधर भटकते रहे। जिला गजेटियर बहराइच में लिखा है कि ''अनेक क्रांतिकारी ताल्लुकेदारों में से केवल चर्दा के राजा ही तराई के जंगलों में छिपते फिर रहे हैं, बाद में वे भी दिखाई नहीं पड़े, संभवतः अन्य क्रांतिकारियों की तरह उनका भी अंत हो गया।"[6] राजा जगजोत सिंह के पुत्र राजा शिवराज सिंह ने नागर साहब को बताया था कि महाराजा नेपाल ने उनको (राजा जगजोत सिंह को) कुछ मौजे दिए थे, उन्हीं में एक ढोंढ़े गाँव भी नेपाल की सीमा में है, जहाँ राजा शिवराज सिंह रह रहे थे। उन्होंने यह भी बताया कि जब वायसराय लॉर्ड हार्डिंग को मालूम हुआ कि सत्तावनी क्रांति का एक वीर नेपाल में जीवित है तो उसे देखने की उत्सुकता प्रकट की। महाराजा नेपाल से कहा कि अपने साथ राजा जगजोत सिंह को अवश्य लाएँ। ये गए, बड़ा स्वागत हुआ। इनको बागी कहलाने से माफी मिली। बाद में अंग्रेजों ने एक मौजा रामपुर मलावाँ तहसील जिला बहराइच में बतौर माफी प्रदान किया।[7]

1857 में राजा जगजोत सिंह के पुत्र राजा शिवराज सिंह के दो पुत्र कुँवर हरनाम सिंह और कुँवर महाराज सिंह थे। उनकी इससे बड़ी यश कीर्ति क्या हो सकती है कि उनको स्वयं वायसराय ने नेपाल के महाराजा से कहकर बुलवाया था, वह उनसे मिलने गए वायसराय लॉर्ड हार्डिंग ने उनको बागी कहलाने से छूट प्रदान की।

## युद्ध में भाग लेनेवालों का जंगनामा में वर्णन

'जंगनामा' काव्य की दृष्टि से भले ही महत्त्वपूर्ण न हो, परंतु इतिहास की दृष्टि से बहुमूल्य है। अमृतलाल नागर जी अपनी पुस्तक में लिखते हैं—बाराबंकी में मुझे बराबर यह सुनने को मिला कि बलभद्र सिंह अपना विवाह कर लौट रहे थे कि अंग्रेजों से युद्ध छिड़ गया।

'ब्याह क कंगना कर मां बाजे, लक्खी मौर देवि बहार' वाली बात यथार्थ से तनिक दूर हटी हुई है। जंगनामा से पता चलता है कि बलभद्र सिंह अपने छोटे भाई छत्रपाल सिंह की बारात लेकर शिवपुर ग्राम गए थे। बेगम हजरत महल उस समय बौंडी में निवास करती थीं, बैसवारे के सामंत और रैकवार नरेशों की सभा कर उन्होंने सबसे सहायता माँगी, नवयुवक बलभद्र सिंह की वीरता का बखान सुना और तुरंत उन्हें बुलाने के लिए हरकारे द्वारा पत्र भेजा। हरकारा राजा के शिवपुर में होने की खबर सुनकर सीधे वहाँ पहुँचा। बेगम का निमंत्रण पाते ही बलभद्र सिंह बारात को घर जाने का आदेश दे सीधे बौंडी आए। बेगम ने उनका स्वागत किया। कवि के कथनानुसार—

*निज सुत को गोदी सों टारी।*
*राजहि लीन गोद बैठारी॥*
*तब बेगम बोलीं हरषाई।*
*राजा को ले कंठ लगाई ॥*
*तुम सुत सरिस अहो प्रिय मोरे।*
*कहीं मर्म तो सन प्यारे॥*

बेगम ने राजा को खिलअत बख्शी। चोदंता गज अंबारी सहित दिया। रानी के लिए आभूषण दिए। लोगों के लिए पहरावर दी। बेगम ने अपने हाथ से बलभद्र को केसर तिलक किया, बिरजीस कदर और मम्मू खाँ से भी तिलक कराया और साज-बाज सहित युद्ध क्षेत्र के लिए विदा किया।

## कवित्त

*चरदा व इकौना नानपारा ओ पयागपुर भिनगा समेत रहे भूप तौन जानिए।*
*बलरामपुर छयो द्वारा गंगवलि जरबुलि तुलसीपुर को मानिए।*
*रामनगर खानजादे व रामपुर कठवलि जांगरे समेत सुधा सबको बखानिए*
*बॉडी के राजा रैकवारी के ठाकुर हरिहरपुर रेहुवा ओ टपरुहा समेत सब, भूपन गनाइए॥*

*येते सब राजा रहे, मल्लापुर समेत।*
*सब भाजे तब समर ते हम नहि तजिहें खेत॥*

*कोक ना मुहिम लीन्हों साहब सों छत्रीगन,*
*करिकै दगा फौज भाजी है सवार की।*
*तिलंगन की थोरी सी लड़त भई,*
*गोरन को देखि तोप दगी ना गँवार की॥*
*रह्यो ना सिहार कछु करनी मुलाय गई,*
*करिकै नामर्दी सैन चली वार पार की।*
*कहैं कवि सत्य महाराज बलभद्र सिंह,*
*नाम राख्यौ उत्तर को नाक रैकवार की॥*

इस जंगनामे की एक विशेषता यही है कि उसमें जन-साधारण के, जातियों के अनेक शूरवीरों के नाम भी लिखे हैं। वे नाम इस प्रकार हैं—(1) दरियाव सिंह, बलभद्र सिंह के मामा, (2) हीरा सिंह, बलभद्र सिंह के काका, (3) लोचन सिंह बैस राजा सिकंदरपुर, (4) बखत सिंह रघुवंशी, (5) सिंह बहादुर, (6) दर्शन सिंह, (7) माधो सिंह, (8) मंगल सिंह मजरे राजपुर स्थान किसनापुर के निवासी, (9) दमन सिंह रघुवंशी, (10) उमराव सिंह गौड़ क्षत्रिय, (11) भूदर सिंह बहादुर, (12) दलजीत, (13) बल्लू, (14) भगवंत, (15) रामबकस, (16) जोधे, (17) शिवदीन, (18) गंगादीन, (19) कालिका थान गाँव के निवासी, (20) नौरंग, (21) पंडित बिशुन पांडे, (22) चंदी पांडे, (23) रामप्रसाद, (24) परवन नाऊ, (25) जंगी, एक वेश्या पुत्र, (26) गुरु बख्श, (27) भवानी दीन, (28) बख्तावर सिंह, (29) मुन्नू सिंह, (30) रघुनाथ, (31) जगत सिंह, (32) शिवदीन, (33) शिव बख्श, (34) मंगल सिंह, (35) मायाराम, (36), रामचरन, (37) हरदत्त, (38) छोटे सिंह, (39) जानकी, (40) सुख मंगल पांडे, (41) गौरी पांडे, (42) परमेसुर मिसिर, (43) राधे दूबे, (44) मुन्नू, (45) महिपाल सिंह, (46) पहलवान सिंह, (47) मानधाता सिंह, (48) बल्दी पांडे मुरवा ग्राम के निवासी, (49) माधो सिंह, (50) मुन्नू सिंह राठौर, (51) कर्ण सिंह, (52) दृग पाल, (53) रामचरन तिवारी, (54) अमीर खाँ गोलंदाज, (55) परवन रधुवंशी, (56) बल्दी दीक्षित, (57) राधे पंडित, (58) रामचरन पुजारी, (59) शिव प्रसन्न तिवारी, (60) भवानी दीन, (61) जोधे मिसिर, (62) रामदयाल कहार नरपति पुरवा के निवासी, (63) भंता सिंह, (64) गनेसी, (65) सीतल, (66) बिहारी नाऊ मुरवा ग्राम निवासी पुत्र संबंधियों सहित, (67) जोधा सिंह सोमवंशी, (68) गंगादीन पांडे, (69) कालिका, (70) संतलाल, (71) माखन सिंह, (72) रामप्रसाद तिवारी, (73) रामचरन तिवारी जिनका लड़का सखी हो गया था, (74) पंडित गंगादीन, (75) मुन्नू सिंह,

(76) सीताराम नाऊ, (77) औसेरी नाऊ, (78) अमरित, (79) मुन्नू बारी, (80) शिवदीन, (81) भिखारी गाड़ीवान, (82) बल्दी गाड़ीवान, (83) दौलतिया गाड़ीवान, (84) कान्हो गाड़ीवान, (85) जवाहिर कहार, (86) शिवदीन सिंह बैस, (87) लोनियाँ बेलदार तीन जन, (88) कुंजबिहारी, (89) कुंजबिहारी का साईस, (90) सुभान खाँ।

अमृतलाल नागर जी लिखते हैं—देश की स्वाधीनता के लिए लड़ने वाले जितने नरशूरों के नाम-ठाम मिलते दो नहीं, हजारों वीर नायकों का है, उतना ही इतिहास अंतरंग होता है; एक हुजूम देश की स्वतंत्रता के लिए समर में आगे बढ़ा, जूझा और अपने रक्त दान से भावी पीढ़ियों के लिए भी अनुपम आदर्श उपस्थित कर गया।

बाराबंकी में मुझे बराबर यह सुनने को मिला कि बलभद्र सिंह अपना विवाह कर लौट रहे थे कि अंग्रेजों से युद्ध छिड़ गया। 'ब्याह क कंगना कर मां बाजे, लक्खी मौर देइ बहार' वाली बात यथार्थ से तनिक दूर हटी हुई है। जंगनामा से पता चलता है कि बलभद्र सिंह अपने छोटे भाई छत्रपाल सिंह की शिवपुर ग्राम गए थे। बेगम हजरत महल उस समय बौंडी में निवास करती थीं, बैसवारे के सामंत और रैकवार नरेशों की सभा कर उन्होंने सबसे सहायता माँगी, नवयुवक बलभद्र सिंह की वीरता का बखान सुना और तुरंत उन्हें बुलाने के लिए हरकारे द्वारा पत्र भेजा। हरकारा राजा के शिवपुर में होने की खबर सुनकर सीधे वहाँ पहुँचा। बेगम का निमंत्रण पाते ही बलभद्र सिंह बारात को घर जाने का आदेश दे सीधे बौंडी आए। बेगम ने उनका स्वागत किया।

जगनामे में दी हुई सूची इस बात का प्रमाण भी है कि संकट के अवसर पर जाति-भेद और ऊँच-नीचपन भुलाकर हमारा समाज एक हो सकता है। कहार, कबड़िए, नाऊ, ठाकुर, मुसलमान, ब्राह्मण—सभी जातियों के शूर एक साथ एक उद्देश्य के लिए जूझे। हमारा देश यदि इस परम्परा को आज भी सुरक्षित रखे है, तो मैं दावे से कह सकता हूँ कि वह बड़े से भी बड़े संकट को पार कर जाएगा; कोई शक्ति मर्जी के खिलाफ उसे झुका नहीं पाएगी।[8]

## स्वतंत्रता आंदोलन का प्रमुख पड़ाव श्रावस्ती

श्रावस्ती का भौगोलिक क्षेत्र जंगल बाहुल्य क्षेत्र है। आज से सौ-डेढ़ सौ वर्ष पूर्व तो और भी अधिक वनाच्छादित क्षेत्र रहा होगा। जिसके चलते स्वतंत्रता आंदोलन में श्रावस्ती प्रमुख पड़ाव रहा करता था। आंदोलन कर्ताओं के लिए यह बेहद सुरक्षित क्षेत्र माना जाता था।

1857 की क्रांति में अंग्रेजों को बहराइच जनपद में कड़ा विरोध झेलना पड़ा, क्योंकि यहाँ के सभी छोटे ताल्लुकेदार खुलकर उनके विरुद्ध खड़े हो गए थे। इसके अतिरिक्त बहराइच जनपद अवध सूबे के उत्तर में हिमालय की पहाड़ियों से सटा होने तथा गहन घने जंगलों से घिरे होने के कारण क्रांतिकारियों को छिपने के लिए सबसे अच्छा स्थान था जहाँ वे अपने को सुरक्षित रखकर अवसर पाते ही पुन: मैदानी क्षेत्रों में जाकर अंग्रेजों से टक्कर लेने लगते थे। बहराइच एवं तुलसीपुर का अधिकांश उत्तरी इलाके नेपाल की सीमा से मिले थे। अंग्रेजों से संधि के अनुसार प्रवेश ब्रिटिश फौजें वहाँ प्रवेश नहीं कर सकती थीं। इसलिए अवध के क्रांतिकारियों के लिए बहुत ही सुरक्षित स्थान था, यद्यपि नेपाल का यह जंगली क्षेत्र स्वास्थ्य की दृष्टि से अनुकूल नहीं था, यहाँ मलेरिया जैसी जानलेवा बीमारी से किसी भी हालत में बचा नहीं जा सकता था।

आंदोलनकर्ताओं की एक बेहद प्रसिद्ध घटना भारत छोड़ो आंदोलन के दौरान इकौना में घटित इस घटना का साक्षी संपूर्ण देश बना। इस सजा की निंदा भी कई बड़े मंचों पर हुई। पाँच पैसे की लूट ने दो लोगों को 24 वर्ष की कारावास की सजा दिलाई थी। यह सजा इतिहास के पन्नों में सबसे कठोरतम सजा में शामिल है। आजादी ऐसे ही नहीं मिली। इसके लिए पूर्वजों को अपना लहू देना पड़ा। आजादी के इस आंदोलन में जिले की भूमिका प्रदेश के अन्य हिस्सों से ज्यादा महत्त्वपूर्ण थी। कई मामले तो ऐसे सामने आए जब आजादी के संघर्ष के मामले में श्रावस्ती क्षेत्र का नाम विश्व पटल पर भी उभरकर सामने आया। ऐसा ही एक मामला जो इतिहास के पन्नों में स्वर्णिम अक्षरों में दर्ज है। मामला भारत छोड़ो आंदोलन (सन् 1942) का है। उस समय पूरे देश में अंग्रेजों के खिलाफ आंदोलन चल रहा था। ऐसा ही आंदोलन मौजूदा श्रावस्ती जो उस समय बहराइच जनपद का हिस्सा हुआ करता था। यहाँ भी चल रहा था।

अंग्रेजों के सामने अपना विरोध दर्ज कराने के लिए बहराइच के महाराज सिंह हाईस्कूल में हड़ताल करने का एक असफल प्रयास हुआ। लेकिन जब वहाँ सफलता नहीं मिली तो श्रावस्ती के भगवानपुर में आजादी के दीवानों ने डाक लूटने का प्लान बनाया। उस समय जिले के स्वतंत्रता संग्राम सेनानी स्वामी दयाल, रामसुंदर व मुटरू ने 3 फरवरी, 1943 में भगवानपुर गाँव के पास ही आ रहे डाकिए की डाक लूट ली। इस डाक लूट के समय डाकिए के बोरे में केवल पाँच पैसा व कुछ पत्र थे। जिसे तीनों लोगों ने निकट के एक कुएँ में डाल दिया था।

इस मामले में अंग्रेज पुलिस ने तीनों लोगों को गिरफ्तार कर लिया था। इस पर 9 फरवरी, 1943 को ही इन्हें इस लूट के लिए 24 वर्ष कारावास की सजा सुनाई गई। इस

सजा के बाद 10 मार्च, 1943 को हुए अपील में सुंदर लाल छूट गए थे। जबकि मुटरू व स्वामी दयाल की सजा दस वर्ष कर दी गई थी। अब तक के इतिहास में यह सबसे कठोर सजा मानी जा रही है। जिसे इन आंदोलनकारियों को भुगतना पड़ा था। इसी के साथ ही बहराइच के पयागपुर में भी आंदोलनकारियों ने सरकारी यातायात में बाधा डालने के उद्देश्य से चिलवरिया के पास रेलवे लाइन का तार काट दिया गया था। इसके अलावा बहराइच के स्वतंत्रता संग्राम सेनानी अमर सिंह निवासी समिरांवा पयागपुर ने विशेश्वरगंज स्टेशन जो उस समय नया-नया बना था। वहाँ कांग्रेस का तिरंगा लहराकर आजादी के नारे लगाए थे।

सभी स्वतंत्रता आंदोलन में श्रावस्ती प्रमुख पड़ाव था। स्वतंत्रता आंदोलन के सभी चरणों में श्रावस्ती एक प्रमुख पड़ाव के रूप में था। यह बात अलग थी कि उस समय यह जनपद बहराइच का एक हिस्सा हुआ करता था। लेकिन यदि आंदोलन व स्वतंत्रता संग्राम सेनानियों की संख्या पर निगाह डाली जाए तो संयुक्त जनपद में भी स्वतंत्रता संग्राम सेनानियों की संख्या श्रावस्ती में ज्यादा थी। यही कारण था कि यहाँ सभी आंदोलन का केंद्र बिंदु रहा। जबकि विदेशी वस्त्रों का बहिष्कार हो रहा था। तो भिनगा में पंडित श्रीराम त्रिपाठी व यदुनाथ प्रसाद दीक्षित के नेतृत्व में 25 स्वयंसेवकों का एक जत्था पिकेटिंग के लिए अपना केंद्र बनाया था।

इन आंदोलनकारियों को अंग्रेज पुलिस ने पीट-पीट कर नगर से बाहर खदेड़ दिया था। यह जत्था कई बार भिनगा में पिकेटिंग के लिए आता था। इनमें कइयों को सजा के साथ आर्थिक दंड भुगतना पड़ा। यहाँ तक कि पंडित जवाहरलाल नेहरू ने 7 अक्तूबर, 1931 को सोनवा, गिलौला व इकौना में एक जोरदार भाषण दिया था। जिसमें तात्कालिक रियासतों को चेतावनी दी थी कि वह किसानों का शोषण बंद कर दें। अन्यथा एक-एक रियासत की ईंट उखाड़ दी जाएगी।[9]

## सत्तावनी क्रांति में भंगहा रियासत का योगदान

1857 के प्रथम स्वतंत्रता संग्राम से उठी आजादी के लौ की मशाल श्रावस्ती में तब तक जलती रही जब तक देश आजाद नहीं हो गया। जंग-ए-आजादी के वीरों की माला में सरदार जोगेंद्र सिंह भी नायाब मोती रहे। कॉलेज से निकलते ही आजादी की जंग में वे कूद पड़े और अंग्रेजों के खिलाफ तिरंगा लेकर सड़कों पर निकल पड़े। अंग्रेजों के खिलाफ आजादी तक उन्होंने संघर्ष का मशाल जलाए रखा।

आजादी की लड़ाई में 37 माह तक कैद काटने वाले स्वतंत्रता संग्राम सेनानी व पूर्व राज्यपाल सरदार जोगेंद्र सिंह जिले के भंगहा गाँव में जन्मे थे। उनके पिता सरदार अवतार सिंह एक ताल्लुकेदार थे। लखनऊ के काल्विन ताल्लुकेदार कॉलेज से शिक्षा प्राप्त कर जब सरदार जोगेंद्र सिंह बाहर निकले तब तक स्वतंत्रता आंदोलन का लय पकड़ चुका था। लोग महात्मा गांधी के नेतृत्व में स्वतंत्रता आंदोलन में बढ़-चढ़कर हिस्सा ले रहे थे। इसी समय नमक सत्याग्रह आंदोलन में शामिल होकर सरदार जोगेंद्र सिंह ने संघर्ष की मशाल जला दी। नमक सत्याग्रह आंदोलन में शामिल होने पर सबसे पहले 1930 में सरदार साहब लखनऊ में गिरफ्तार किए गए। छह माह तक कैद काटने के बाद छूटे, फिर 6 दिसंबर, 1931 को उन्होंने जंग-ए-आजादी की आवाज व्यक्तिगत तौर पर बुलंद कर दी। 6 दिसंबर, 1931 को व्यक्तिगत सत्याग्रह शुरू करने पर अंग्रेज सैनिकों ने उन्हें गिरफ्तार कर जेल रवाना कर दिया। 15 महीने तक जेल में ही रहे। इस दौरान वे 31 अगस्त, 1934 को प्रांतीय कांग्रेस कार्यसमिति के सदस्य बने और गांधी व नेहरू के नेतृत्व में स्वतंत्रता संग्राम की अलख जगाए रखे। 8 अगस्त, 1942 को महात्मा गांधी की ओर से 'अंग्रेजों भारत छोड़ो' आंदोलन शुरू किए जाने पर वे फिर गिरफ्तार किए गए और 16 महीनों तक नजर-बंद रखे गए। 1929 में जब महात्मा गांधी बहराइच आए और 1930 में पंडित जवाहरलाल नेहरू ने पयागपुर, सोनवा, गिलौला, इकौना में सभाएँ कीं तो उसमें भी सरदार जोगेंद्र सिंह ने अंग्रेजों के खिलाफ भाषण देकर बढ़-चढ़कर हिस्सा लिया। सरदार अंग्रेजों के खिलाफ आजादी तक संघर्ष की मशाल जलाए रहे। भंगहा में खंड-खंडों में गिरी आज भी उनकी हवेली जंग-ए-आजादी की यादें ताजा कर रही हैं।[10]

## सत्तावनी क्रांति में इकौना रियासत का योगदान

सन् 1414 में जनवार वंश के संस्थापक बरियार शाह इकौना में आकर रहने लगे। उस समय इसे खानपुर महादेव कहते थे। बरियार शाह की तीसरी-चौथी पीढ़ी के रामशाह ने यहाँ पर बिना कोने वाला एक किला बनवाया, बिना कोने का किला होने के कारण इसे इकौना कहकर पुकारा जाने लगा, जो प्रचलित हो गया। जिले के बाहर एक बरगद का विशाल पेड़ लगा था। अवध अधिग्रहण के उपरांत अंग्रेजी ने पूरे सूबे के किला की गणना और उनकी स्थिति की जानकारी एकत्र कराई थी। प्रेषित सूचना के जुडिशियल कमिश्नर

द्वारा 18 अगस्त, 1856 को अवर के चीफ कमिश्नर को सूचना के अनुसार बहराइच जनपद में कुल तेरह किले थे। उनमें से एक इकौना का किला था।[11]

अमृतलाल नागर ने अपनी ऐतिहासिक पुस्तक 'गदर के फूल' में लिखा है कि इकौना के जनवार चौदहवीं शताब्दी में बहराइच में फैले आराजक एवं उद्दंड कबाइलियों को दबाकर शांति स्थापित करने के लिए आए थे। इनका आगमन ही विरोध को दबाने के लिए हुआ था, तो भला इनके वंशज अंग्रेजों के दमन और उनकी ज्यादतियों को कब तक बर्दाश्त करते? इसी कारण जनवार क्षत्रियों ने अंग्रेजों के विरुद्ध मोर्चा सँभाला और उनके विरुद्ध एकजुट होकर युद्ध लड़ा। इस क्रांति में इकौना, चर्दा, भिनगा के साथ अनेक अन्य राजाओं ने सम्मिलित होकर फिरंगियों को कड़ी टक्कर दी। इसलिए अंग्रेज पुन: सत्तासीन होने पर इन सबकी रियासतें जब्त करके अपने उन वफादार गुलामों को बाँट दी, जो अपने देश में स्वतंत्र एवं स्वाधीन रहने के बजाय परतंत्र एवं दास बनकर रहना पसंद करते थे। इकौना के राजा जनवार राजपूत थे। गदर में लड़े और कभी नहीं लौटे।

सत्तावनी क्रांति लखनऊ से प्रारंभ होकर आसपास के जिलों में फैल गई, बहराइच भी इससे अधूरा न रहा। इससे सकरौरा (कर्नलगंज, गोंडा) की ब्रिटिश छावनी के सिपाहियों ने 10 जून, 1857 को बहराइच जिले की हिसामपुर तहसील को लूट लिया, जो इकौना के पश्चिम में थी। 28 जून, 1857 को अवध के ताल्लुकेदारों नवाबगंज बाराबंकी में एकत्र होकर 29 जून को लखनऊ पर चढ़ाई करने के लिए कूच किया इसकी भनक पाते ही अवध के चीफ कमिश्नर हेनरी लॉरेंस इस विद्रोही सेना को लखनऊ से पहले रोकने के लिए अपनी ब्रिटिश फौजों को भेज दिया। 30 जून को चिनहट के मैदान में इनसे घनघोर संग्राम हुआ, जिसने ब्रिटिश फौजें पराजित होकर भाग खड़ी हुईं। ताल्लुकेदारों की सेनाओं ने लखनऊ पहुँचकर रेजिडेंसी को घेर लिया, जहाँ अंग्रेज अफसर और उनकी सेना रहती थी। यह घेराव 01 जुलाई से 23 नवंबर तक लगातार पाँच महीने तक चला। इस घेराव में नवाबी सेना के साथ ताल्लुकेदारों की सेना भी सम्मिलित थी। अवध के 23 ताल्लुकेदारों की सेनाएँ यहाँ थीं।[12] जिसमें इकौना की सेना भी शामिल थी, इकौना की सेना के 150 सैनिक इस घेराव में लगे हुए थे।[13]

लखनऊ पराजित हो जाने के बाद मई 1858 में बेगम भिठौली पहुँची थी, जहाँ उन्होंने अवध के अधिकांश ताल्लुकेदारों की एक बैठक महादेवा में बुलाई थी जिसमें लखनऊ पर चढ़ाई करने की योजना बनाई गई थी। इस बैठक में इकौना के राजा उदित प्रकाश सिंह भी आए थे, उन्होंने सबके साथ मिलकर लखनऊ पर चढ़ाई करने

की सहमति जताई थी। बाद में जब बेगम बौंडी पहुँच गईं तब उन्होंने दुबारा बैठक बुलाकर महादेवा में लिए गए निर्णय को अंतिम रूप दिया। इसमें भी राजा उदित प्रकाश सिंह शामिल हुए और उनकी सेना लखनऊ जाने वाली संयुक्त सेना में शामिल हुई थी, जिसका नेतृत्व चहलारी के युवा राजा बलभद्र सिंह ने किया था। 13 जून, 1858 को इस सेना से ब्रिटिश फौजों का घनघोर युद्ध बाराबंकी के पास ओबरी के मैदान में हुआ था। राजा बलभद्र सिंह इसी युद्ध में शहीद हुए थे। इस युद्ध में इकौना के राजा उदित प्रकाश सिंह ने अपनी सेना की अगुवाई की थी।[14] इस युद्ध में क्रांतिकारियों को विफलता ही मिली।

लेखक सरनाम सिंह अपनी पुस्तक 1857 के दहकते अंगारे में लिखते हैं कि– बेगम ने बौंडी में रहकर अवध के सभी ताल्लुकेदारों से सम्पर्क स्थापित करके भावी रणनीति बनाती रहती थीं। विशेषकर रेहुआ, चर्दा, बौंडी और इकौना के राजाओं से विचार-विमर्श किया। इसी बीच नाना साहब भी वहाँ पहुँच गए। वे कुछ दिन इकौना में राजा उदित प्रकाश सिंह के मेहमान रहे। इकौना से उन्होंने बौंडी में रह रही बेगम से सम्पर्क किया और भावी रणनीति बनाने के लिए बौंडी से 6 किमी. दूर रेहुआ किले में जाकर रुके।

17 दिसंबर, 1858 को प्रधान सेनापति कालीन कैम्पवेल बहराइच पहुँचा और होप ग्रांट तुलसीपुर पहुँचा। जहाँ से उसको बौंडी पर हमला करके बेगम और नाना साहब को पकड़ना था। इसकी सूचना पाकर क्रांतिकारी नानपारा की ओर कूच कर गए। इनके साथ चर्दा, रेहुआ और इकौना आदि ताल्लुकेदारों की सेनाएँ साथ थीं। ब्रिटिश फौज निरंतर इनका पीछा कर रही थी। उस समय मौसम बहुत खराब था। 23 से लेकर 26 दिसंबर तक निरंतर वर्षा होती रही। 26 दिसंबर को वर्षा रुकते ही नानपारा से आगे 11 किमी. पर स्थित बरगदहिया के किले में क्रांतिकारी सेना के चार हजार सैनिकों का ब्रिटिश सेना से भयंकर युद्ध हुआ। युद्ध के दौरान ब्रिटिश सेना का प्रधान सेनापति अपने घोड़े से गिर गया, उसके कंधे में गहरी चोट लगी थी। क्रांतिकारी सेना बरगदहिया का किला छोड़कर चर्दा होते हुए मसजिदिया पहुँची जहाँ 27 दिसंबर को पुन: दोनों सेनाओं का युद्ध हुआ। तीन घंटे गोलाबारी हुई अंत में क्रांतिकारी सेना कमजोर पड़ गई और वो मसजिदिया से तुलसीपुर चली गई। यहाँ तीन दिन रुकी रही परंतु अंग्रेजों द्वारा निरंतर पीछा किए जाने पर 31 दिसंबर, 1858 को नेपाल की सीमा में प्रवेश कर गई।[15]

नेपाल के मेजर कप्तान वीर भंजन माँझी ने नेपाल पहुँचे क्रांतिकारियों की जो सूची अप्रैल 1859 में भारत को भेजी थी,उसमें इकौना के राजा उदित प्रकाश सिंह क।

नाम क्रम संख्या 30 पर अंकित था। इसी के क्रम संख्या 13 पर उनके मँझले भाई उमराव सिंह का नाम भी था। इस सूची में वर्णित व्यक्तियों के संबंध में अवध के चीफ कमिश्नर ने 6 अप्रैल, 1859 को भारत सरकार के विदेश विभाग को विस्तृत आख्या भेजकर अवगत कराया कि इकौना के राजा के भाई राना उमराव सिंह ने पिछले वर्ष के अंतिम भाग में गोरखपुर जनपद में हमारे विरुद्ध हथियार उठाया था। राजा उदित प्रकाश के विषय में प्रेषित रिपोर्ट में केवल इतना उल्लेख किया गया कि ताल्लुकेदार इकौना, बहराइच डिवीजन,[16] राज्य जब्त।

क्रांति के बाद जनपद में अंग्रेजों ने अपने एक-एक दुश्मन से बदला लिया। उन्होंने जनपद में सबसे पहले प्रमुख ताल्लुकेदार राजाओं के 1858 गाँव जब्त किए, जो जनपद के कुल 3682 गाँवों के आधे से अधिक थे। क्रांति में भाग लेने के कारण बौंडी, चहलारी और भिठौली राज्यों के 400 गाँव और महारानी की घोषणा के अनुसार क्षमा माँगने के लिए दी गई समय सीमा में उपस्थित न होने के कारण चर्दा, इकौना और तुलसीपुर के 1247 गाँव जब्त किए गए। इनमें इकौना राज्य के ही केवल 506 गाँव थे।[17]

1859 में ब्रिटिश सरकार ने बहराइच जनपद के 1858 में 1545 गाँवों को अपने वफादार गुलामों में, जिन्होंने क्रांति के समय या उससे पहले अंग्रेजों की किसी भी प्रकार से सेवा एवं सहायता की थी, के मध्य बहुत कम राजस्व पर बाँट दिया।

महाराजा कपूरथला को 497 गाँव, रकबा 1,77,284 मालगुजारी 1,23,750 रुपए 8 आना 11 पाई।[18]

महाराजा बलरामपुर को 69 गाँव रकबा 30,666 मालगुजारी 24,530 रुपए।

राजा उदित प्रकाश सिंह का निधन कब और कहाँ हुआ इसका कुछ भी पता नहीं चलता है। समझा जाता है कि उनकी मृत्यु नेपाल में ही हुई होगी।

## वीरांगना रानी ईश्वरी देवी

ईश्वर कुमारी गोंडा (वर्तमान बलरामपुर जिले) के तुलसीपुर स्टेट की रानी थीं। राजा दृगराज सिंह की 1857 के विद्रोह के समय ही मृत्यु हो चुकी थी। फिर भी तुलसीपुर के लोग उस समय विद्रोही सैनिकों का साथ देने का निर्णय कर चुके थे। रानी स्वयं सैनिकों का नेतृत्व कर रही थीं। अंग्रेजों ने अनेक प्रलोभन देकर उन्हें शांत करना चाहा। लेकिन उन्होंने बेगम हजरत महल की तरह निर्वासित जीवन व्यतीत करना पसंद किया और अंतिम समय तक

अत्याचार का मुकाबला करती रहीं। जब बेगम हजरत महल नेपाल जा रही थीं तो रानी ने उन्हें आश्रय दिया। अचवागढ़ में बेगम तीन दिन रुकी रहीं। ईश्वर कुमारी ने न केवल सुरक्षा प्रदान की बल्कि नेपाल की सीमा तक पहुँचाया। कहा जाता है कि उन्होंने अपना शेष जीवन भी नेपाल की सीमा पर ही व्यतीत कर दिया। गोंडा जनपद में आज भी ईश्वर कुमारी का नाम आदर और सम्मान से लिया जाता है।

तुलसीपुर के गौरवशाली इतिहास को अधिकतर दबाया गया अथवा तोड़-मरोड़कर प्रस्तुत किया गया। रानी तुलसीपुर ही ऐसी वीरांगना थीं जिन्होंने बेगम हजरत महल को सुरक्षित नेपाल पहुँचाने में सहायता की थी। उनके पति दृग नारायण सिंह को अंग्रेजों ने पहले बंदी बनाकर बेली गार्ड में रखा बाद में वहीं उनकी मृत्यु हो गई।[19] 1857 के बाद तुलसीपुर का राज्य बलरामपुर का हिस्सा बन गया। अमृतलाल नागर जी अपनी पुस्तक में लिखते हैं कि—रानी तुलसीपुर बड़ी मनस्विनी और अहंकारिणी थीं। तुलसीपुर में मिट्टी का एक किला था एयर ग़दर में, बाद को राजा बलरामपुर ने अपने सेनापति जनरल बेनीमाधव को उसे उजाड़ने के लिए भेजा था।[20] बाद में तुलसीपुर राज्य के 313 गाँव जब्त कर लिए गए।[21]

स्वतंत्रता संग्राम के अंतर्गत गोंडा तथा बहराइच में हुए संग्राम में तुलसीपुर की रानी ईश्वरी देवी ने बढ़-चढ़कर हिस्सा लिया था परंतु इतिहास में इस वीरांगना को कहीं कोई उचित स्थान नहीं मिल पाया। चहलारी के राजा बलभद्र सिंह रैकवार के राज में किसी कवि ने युद्ध के आँखों देखे हाल को एक लंबे गीत में लिखा था, जिसे उन्होंने 'जंगनामा' नाम दिया था। इस जंगनामे के कुछ अंश अमृतलाल नागर जी ने अपनी पुस्तक 'ग़दर के फूल' में भी दिए हैं। उस जंगनामे की विशेषता यही है कि युद्ध में भाग लेनेवाले राजवंशों के अतिरिक्त जन-साधारण के विभिन्न जातियों के अनेक शूरवीरों के नाम भी लिखे हैं। उक्त कवित्त की कुछ पंक्तियों द्वारा सत्तावनी क्रांति के अंतिम समर में अन्य राजवंशों के साथ रानी तुलसीपुर के युद्ध करने का भी स्पष्ट उल्लेख मिलता है।

## कवित्त

*चरदा व इकौना नानपारा ओ पयागपुर भींगा समेत रहे भूप तोन जान लीजिए।*
*बलरामपुर छयो द्वारा गंगवलि जरबुलि तुलसीपुर को मानिए।*
*रामनगर खानजादे व रामपुर कठवलि जान्गारे समेत सुधा सबको बखानिए।*
*बौंडी के राजा रैकवारी के ठाकुर हरिहरपुर रेहुवा ओ टपरुहा समेत सब भूपन गनाइए।*

राजा दलेल सिंह के दो पुत्र थे—बड़े दान बहादुर सिंह तथा छोटे दृगराज सिंह। राजा दलेल सिंह के निधन के पश्चात् दान बहादुर सिंह तुलसीपुर रियासत के मालिक बने। उन्होंने राजा बलरामपुर को हक मालिकाना देना बंद कर दिया। उनका मानना था कि सैनिक सहायता के बदले में उक्त धनराशि बलरामपुर को दी जाती रही है जिसकी अब हमें आवश्यकता नहीं है। सन् 1828 ई. में गवर्नर जनरल ने शिकार खेलने की इच्छा से तराई का दौरा किया। राजा दान बहादुर सिंह ने उनका खूब आदर-सत्कार किया। उनकी इस सेवा से प्रसन्न होकर गवर्नर ने अयोध्या के राजा को आदेश दिया कि राजा तुलसीपुर को मुस्तकिल पट्टा पर निर्धारित वार्षिक लगान पर दे दिया जाए। अयोध्या के राजा यहाँ के नाज़िम थे। दान बहादुर सिंह को 62,759 रु. निर्धारित वार्षिक लगान पर पट्टा मिल गया। राजा दान बहादुर सिंह की यह एक कूटनीतिक सफलता थी। क्योंकि सन् 1800 में इसका वार्षिक लगान 75,649 रु. था तथा अगले बीस वर्ष तक 42 हज़ार से 70 हज़ार रुपए के बीच चलता रहा था।[22] राजा दान बहादुर सिंह तुलसीपुर के सभी सिसोदिया राजाओं में श्रेष्ठ राजा हुए। उन्होंने सबसे अधिक समय तक शासन किया। तुलसीपुर पुरवा के निकट उनका बनवाया हुआ शिव मंदिर और तालाब आज भी उनकी याद को ताजा रखे हुए हैं।

कर्नल सलीमन ने अपनी डायरी 'ए जर्नी थ्रू द किंगडम ऑफ अवध' में तुलसीपुर के राजा को बंदी बनाए जाने की घटना को इस प्रकार लिखा है कि तुलसीपुर के राजा दृगराज सिंह का केवल एक पुत्र है जिसका नाम साहब जी (दृग नारायण सिंह) है तथा उसकी आयु सत्रह वर्ष की है। उसके पुराने कर्मचारियों ने इस विचार से कि चालाक बाप की तुलना में अल्पावस्था के पुत्र से अधिक रुपया हाथ लगेगा। पहले उन्होंने जहाँ तक हो सका धन-संपदा एकत्र कराकर उसे गोरखपुर भगा दिया। वहाँ उसने दस महीने की विलासिता में सब कुछ उड़ा दिया। दो महीने हुए पिता ने उसे इस शर्त पर बुलाया कि वह अकेला आए। परंतु जब वह तुलसीपुर से छह मील की दूरी पर था तब राजा के कारिंदों ने देखा कि उसने तीन हजार सशस्त्र जवान एकत्र कर रखा है कि राजा को कैद करके रियासत पर कब्जा कर ले। पिता ने इस आशंका से कि राज नष्ट हो जाएगा और स्वयं कैद ही नहीं संभवत: कत्ल भी कर दिया जाएगा। उसने भागकर मित्र राजा बलरामपुर की शरण ली।

कर्नल सलीमन ने स्थिति का लाभ उठाकर कुछ बड़े ताल्लुकेदारों और जमींदारों को निकाल बाहर करने का कार्य किया जिससे अवध में कर वसूली के कार्य में अक्षमता आ गई। अंग्रेजों को इस बहाने भी अवध पर कुप्रशासन के बहाने कब्जा करने में लाभ मिलता

था। अवध के बादशाह को इस प्रकार गुमराह करने के प्रयास किए जाते थे जिससे कर वसूली में बाधाएँ उत्पन्न होती थीं। कर वसूल न हो पाने के कारण नुकसान बादशाह का ही होता था। यह कार्य सलीमन से लेकर आउट्रम तक सभी रेजिडेंटों ने किया था। इस तथ्य की पुष्टि इस पत्र से भी होती है जो बादशाह की ओर से रेजिडेंट के नाम 16 सितंबर, 1850 को भेजा गया था। मुझे आपको फिर से याद दिलाना है कि फसली 1256,1849-50 में तुलसीपुर के ताल्लुकेदार दृगराज सिंह ने सरकार के लगभग 1000 रुपयों का भुगतान नहीं किया था। बाद में दृगराज सिंह के पुत्र साहब जी द्वारा यह धन चुका दिया गया था। कुछ महीनों बाद साहब जी से ताल्लुका छीन लिए जाने का आपने आदेश भेजा और उस पर दृगराज का पुन: कब्जा हो गया। इस घटना से दृगराज सिंह का दुसाहस इतना बढ़ गया है कि अपने इलाके के सभी कर वसूल लेने पर भी वह भुगतान करने को बिलकुल तैयार नहीं है। एक वर्ष की अवधि बीत चुकी है और दृगराज पर रकम बाकी है। ऐसी स्थिति में किस प्रकार कर वसूलना चाहिए।

इस प्रकार रेसिडेंट द्वारा बादशाह को नीचा दिखाने के इरादों के परिणामस्वरूप दृगराज सिंह अंग्रेज समर्थक बन गए और उनके पुत्र दृग नारायण सिंह बादशाह के समर्थक बन गए। बाप-बेटे के बीच शुरू हुए इस संघर्ष को अंत तक हवा दी गई। दृग नारायण सिंह अंग्रेजों के शत्रु बन गए।[23]

कुछ महीनों बाद फौजों के वापस जाते ही दृग नारायण सिंह ने पुन: तुलसीपुर रियासत पर कब्जा कर लिया। उसने अपने पिता को कैद कर लिया। कुछ ही दिनों बाद बूढ़े राजा की बंदीगृह में ही मृत्यु हो गई। गजेटियर लेखक का अनुमान है कि राजा को विष दिया गया। लगान सीधे सरकार अवध के प्रशासकों द्वारा वसूला गया।

सन् 1853 ई. में कर्नल मैकडोनॉल्ड शिकार के लिए तुलसीपुर आए और तीन दिन रहे। सन् 1854 ई. में वे दोबारा आए। उन्होंने खैरीगढ़ जंगल में 32 शेरों का शिकार किया।

राजा दृग नारायण सिंह स्वाधीनता प्रेमी थे। वह आरंभ से ही अंग्रेजों की नीति-रीति के कट्टर विरोधी थे अत: अंग्रेजों ने इस परिवार में फूट का बीज बोया। अवध हड़पने से पूर्व अंग्रेजों ने नवाब वाजिद अली शाह के निकम्मा और विलासी होने का प्रचार किया था। वही नीति यहाँ भी अपनाई। इसमें संदेह नहीं है कि तुलसीपुर राजवंश का इतिहास अंग्रेजों तथा अंग्रेजी सरकार के पिट्ठुओं ने तोड़-मरोड़कर प्रस्तुत किया।

7 फरवरी, 1856 को ईस्ट इंडिया कम्पनी ने अवध का अधिग्रहण कर लिया। कम्पनी ने अवध के समस्त राजाओं और ताल्लुकेदारों के पास अपने शाही घुड़सवारों

के माध्यम से शाही फरमान प्रेषित किए कि मांबदौलत आज की तारीख से सब राजाओं और ताल्लुकेदारों को सरकार कम्पनी अंग्रेज बहादुर के हवाले किया। तुम सबको चाहिए कि सरकार अंग्रेज बहादुर के अहकाम की तामील करो और अपने तईं उन्हीं की रियाया समझे। इसी के साथ एक इश्तिहार अंग्रेजी सरकार से भी जारी हुआ।

12 फरवरी, 1856 ई. को विंग फील्ड बहराइच का कमिश्नर होकर आया। वह घाघरा पार करके सकरौरा (कर्नलगंज,जनपद गोंडा जहाँ अंग्रेजों की सैनिक छावनी थी) पहुँचा। तीन दिन के दौरे के बाद वो बहराइच पहुँचा। उसके साथ जंगी पलटने, एक रिसाला खाना तथा एक तोपखाना था। बहराइच से नानपारा व चरदा देखते हुए फिर गोंडा वापस आया। विंग फील्ड के इस दौरे में सिवाय राजा तुलसीपुर दृग नारायण सिंह के अलावा जनपद के सभी ताल्लुकेदार उसकी सेवा में हाजिर थे। कमिश्नर विंग फील्ड ने बलरामपुर के महाराजा से राजा तुलसीपुर के विषय में उनके न आने का कारण पूछा तो महाराजा बलरामपुर ने कहा कि किसी विशेष कारण या समय अभाव के कारण नहीं आ सके हैं, मुझे विश्वास है कि वो जरूर आएँगे। कुछ समय बाद विंग फील्ड गोंडा से उतरौला गया और वहाँ से तुलसीपुर के इलाके में आया।

राजा दृग नारायण सिंह उर्फ साहब जी कमिश्नर विंग फील्ड के सामने हाजिर हुए और मुलाकात में इधर-उधर की बातों के बाद उन्होंने महाराजा बलरामपुर की काफी शिकायत की लेकिन विंग फील्ड ने कोई उत्तर न दिया। दो-तीन दिन बाद कमिश्नर विंग फील्ड की मुलाकात जब महाराजा बलरामपुर से हुई तो उन्होंने तुलसीपुर के राजा की बात बताई। महाराजा बलरामपुर मुस्कराते हुए बोले—वो अक्सर बीमार रहते हैं और कभी-कभी उनका मानसिक संतुलन भी ठीक नहीं रहता। इसके कुछ दिन बाद कमिश्नर विंग फील्ड ने राजा तुलसीपुर को बलरामपुर तलब किया और इस विषय पर एक इकरारनामा लिखने को कहा कि एक महीने के अंदर लगान जमा कर दें। अपनी फौज को बरखास्त कर दें, तोपें सरकार के पास जमा कर दें। इस आदेश के अनुसार राजा दृग नारायण सिंह (राजा तुलसीपुर) ने इकरारनामा लिख दिया।

जब इकरारनामा लिखे हुए तीन महीने बीत गए तो और वादा पूरा न हुआ कमिश्नर विंग फील्ड ने महाराजा बलरामपुर को एक पत्र लिखा कि वायदा खिलाफी के कारण वो राजा तुलसीपुर को सजा देना चाहते हैं आप अपनी सेना सहित तैयार रहिए। पत्र पहुँचने के तीसरे दिन कमिश्नर सेना सहित बलरामपुर पहुँचा और महाराजा बलरामपुर को तुलसीपुर

साथ चलने को कहा। महाराजा साहब ने कहा कि मैं चलने को तैयार हूँ पर मेरा जाना अभी ठीक नहीं है। अगर मैं अभी जाऊँगा तो वो समझेंगे कि मैं ही आपको प्रेरित करके लाया हूँ। मुझे विश्वास है कि वह आपके आने का समाचार सुनकर हाजिर होंगे। यदि वो सरकशी करेंगे तो मैं तुरंत पहुँच जाऊँगा। कमिश्नर को सलाह पसंद आई और वो थोड़ी सी सेना लेकर तुलसीपुर आया।

कमिश्नर विंग फील्ड के आने का समाचार सुनते ही राजा तुलसीपुर दृग नारायण सिंह अपनी सेना को कमदा के किले में छोड़कर तुलसीपुर से लगभग बीस मील दूर डोकम नामक स्थान पर छिप गए। (लेखक एक बार इतिहास की खोज में शिशुपाल सिंह के भाई के पास डोकम गया था। वहाँ बताया गया कि उनका घराना तुलसीपुर राज के प्रबंधक शिवदीन सिंह के वंशजों का है। उनके पास एक शाही जैकेट है जो उनके पूर्वज पहना करते थे। उल्लेखनीय है कि शिवदीन सिंह राजा दृग नारायण सिंह के मामा थे)।

जून के महीने में विंग फील्ड ने फौज लेकर तुलसीपुर पर चढ़ाई कर दी। तुलसीपुर राजा की सेना कमदा कोट में थी। विंग फील्ड ने यह कहकर कि राजा तुलसीपुर ने हमारी अधीनता स्वीकार करके इकरारनामा लिख दिया है, सैनिकों से हथियार रखवा लिए। उसके पश्चात् विश्वासघाती विंग फील्ड ने अचानक डोकम पर चढ़ाई कर दी और राजा दृग नारायण सिंह व उनके विश्वस्त कर्मचारियों और चार हजार सैनिकों को कैद करके तुलसीपुर ले आया।

तुलसीपुर राज को भी जब्त कर लिया गया। पूरे तुलसीपुर परगना को गाँव के मुखिया लोगों को कुल मालगुजारी का 10 प्रतिशत राजा के भरण-पोषण के लिए सुरक्षित रखने का आदेश दिया। राजा के कर्मचारियों को तनख्वाहें देकर सेवामुक्त कर दिया गया। राजा दृग नारायण सिंह को कैद करके तुलसीपुर से लखनऊ भेज दिया गया। वहाँ कुछ दिनों तक रेजिडेंसी (बेली गारद) में कैद रखा गया। बाद में सन् 1857 में क्रांति भड़कने पर उन्हें गोली मार दी गई।[24]

राजा तुलसीपुर दृग नारायण सिंह के साथ दिल्ली के शाही परिवार के दो सदस्यों मिर्जा हैदर शिकोह और हुमायूँ शिकोह के साथ बादशाह के बड़े भाई राजकुमार मुस्तफा अली खान भी कैद थे। नवाब मुहम्मद हसन को भी एक गाड़ी में ले जाया गया था। इन सब पर संदेह था कि इनके संबंध विशेष कर नाना साहब से बना हुआ है। मुहम्मद हसन को इतनी यातनाएँ दी गईं कि उसने दम तोड़ दिया।[25]

# वीरांगना रानी तुलसीपुर का प्रतिशोध

तुलसीपुर नरेश के साथ किए गए कूटनीतिक षड्यंत्र से प्रजा बड़ी क्षुब्ध थी। कैद के दौरान अपने पति को दी गई अमानवीय यातनाओं और बाद में उनको गोली मार दिए जाने के कारण राजा दृग नारायण सिंह की विधवा रानी का मन अंग्रेजों के विरुद्ध नफरत और प्रतिशोध से भर गया। रानी अब केवल एक स्त्री नहीं रह गई थीं वो एक वीरांगना बन चुकी थीं। उसने अंग्रेजों व उनके समर्थकों से चुन-चुन कर बदला लेने की प्रतिज्ञा कर ली थी। इसीलिए रानी ने पहले अपनी रियासत पर कब्ज़ा करने का प्रयास किया और अपनी सेना का पुनर्गठन किया। उस वीरांगना ने सबसे पहले अपने सेना नायक राम सिंह तथा रियासत के अगले उत्तराधिकारी पृथ्वीपाल सिंह को बंदी बनाकर एक मकान में कैद कर दिया। कहीं ये दोनों भाग न निकलें इस डर से रानी तुलसीपुर ने उन दोनों को फूस की एक झोंपड़ी में कैद करके उसके चारों तरफ अपने सिपाही खड़े कर दिए। रानी ने फूस की उस झोंपड़ी में आग लगवा दी। हृदय-विदारक चीखों के साथ आग से झुलसकर उन दोनों का अंत हो गया। इस घटना का जिक्र इम्पीरियल गजेटियर ऑफ अवध में भी किया गया है। रानी तुलसीपुर को बाद में ज्ञात हुआ था कि इन दोनों के षड्यंत्र के कारण ही उनका पति अपनी सेना छोड़कर कमदा से डोकम भागा था और इन्हीं की सहायता से कमिश्नर विंग फील्ड ने राजा दृग नारायण सिंह को गिरफ्तार किया था।

रानी तुलसीपुर ने अवध के विशेष रूप से अपने पड़ोसी जनपदों के क्रांतिकारियों से अपना सम्पर्क बढ़ाया। इनमें से बलभद्र सिंह चहलारी,फैजाबाद के मौलवी अहमद जमा खाँ, बौंडी के राजा हरदत्त सिंह, इकौना के उदित प्रकाश सिंह, बूढ़ापारा के राजा अशरफ बख्श सिंह,नाना साहब और बाला राव, अमरोहा के मेहदी हसन, बरेली के खान बहादुर खान, शंकरपुर रायबरेली के बेनी माधव सिंह, फर्रुखाबाद के नवाब तफज्जुल हुसैन आदि जो बेगम हजरत महल के नेतृत्व में क्रांति की मशाल सँभाले हुए थे।

संकल्प संस्था तुलसीपुर की 'स्मारिका 1857' के एक लेख के अनुसार अपनी मातृ-भूमि की रक्षा और अंग्रेजों से बदला लेने के लिए रानी तुलसीपुर ने राजा देवी बख्श सिंह से एक विश्वासपात्र सेनापति देने की माँग की। राजा देवी बख्श सिंह ने अपनी सेना के सिपहसालार फजल अली को ही भेज दिया। संकट की उसमें रानी तुलसीपुर की रक्षा करना ही फजल अली की जिम्मेदारी थी। सेना नायक फजल अली मोतीगंज बाजार (जनपद गोंडा) से 6 किमी. उत्तर-पूर्व में मनोरमा नदी के तट पर स्थित ग्राम मिर्जा पुरवा के निवासी थे। उन्हें तैराकी, लाठी चलाना, भाला फेंकना, तीर चलाना तथा बंदूक चलाने

में महारत हासिल थी। देश भक्ति की भावना ने उन्हें अंग्रेजों का प्रबल शत्रु बना दिया था।

7 फरवरी, 1856 के दिन अंग्रेजों ने अवध को ईस्ट इंडिया कम्पनी में मिला लिया था। उसी दिन बहराइच जिले को विभक्त करके गोंडा को पृथक् जनपद बना दिया गया था। विंग फील्ड को बहराइच का कमिश्नर और कर्नल ब्वायलू को गोंडा का डिप्टी कमिश्नर नियुक्त किया गया। कर्नल ब्वायलू ने सुरक्षा की दृष्टि से सकरौरा (वर्तमान में गोंडा जनपद की तहसील कर्नलगंज में है) में छावनी बनाई जिससे घाघरा पार के राजाओं और जमींदारों को अंग्रेजी सरकार की अधीनता में रखा जा सके। अवध के समायोजन से पहले ही इस जनपद में क्रांति की शुरुआत हो चुकी थी। यहाँ के देशभक्त राजाओं ने अंग्रेज सरकार को लगान देना स्वीकार न किया। इसी संदर्भ में राजा दृग नारायण सिंह को कैद करके तुलसीपुर से लखनऊ भेज दिया गया था, वहाँ कुछ दिनों तक रेजिडेंसी (बेली गारद) में कैद रखा गया। बाद में सन् 1857 में क्रांति भड़कने पर उन्हें गोली मार दी गई। कर्नल ब्वायलू डिप्टी कमिश्नर गोंडा लगातार तुलसीपुर की रियासत पर दृष्टि जमाए हुए था। रानी तुलसीपुर उसका पहला निशाना थीं। उसने शांति व्यवस्था के नाम पर तुलसीपुर की रानी ईश्वरी देवी (रानी ऐश्वर्य राजेश्वरी देवी) के समर्थकों को झूठे इलजाम लगाकर अमानवीय यातनाएँ दीं।

गदर में तुलसीपुर की रानी ने अपने बराबर क्रांतिकारियों के साथ रहीं और अंत में बेगम आदि के साथ वह भी नेपाल चली गईं।

## सन्दर्भ

1. baalsanskar.co.in/category/महापुरुष-गाथाएँ-1/
2. फ्रीडम स्ट्रगल इन यू.पी., खंड दो, सूचना विभाग, उ.प्र., 1958, पृ. 575
3. जिला गजेटियर बहराइच, 1903, पृ. 143
4. 1857 के दहकते अंगारे,सरनाम सिंह सूर्यवंशी, पृ. 210
5. अवध गजेटियर, 1877-78, पृ. 196
6. जिला गजेटियर बहराइच, 1903, पृ. 144
7. अमृतलाल नागर, ग़दर के फूल, पृ. 136
8. ग़दर के फूल, अमृतलाल नागर, पृ. 98-100 से उद्धृत।
9. amarujala.com/amp/uttar-pradesh/shravasti/was-imprisoned-for-24-years-in-the-robbery-of-five-paise-srawasti
10. m.jagran.com/lite/uttar-pradesh/shravasti-12713514.html
11. इसका जिक्र फ्रीडम स्ट्रगल इन यु.पी., खंड एक,सूचना विभाग, उ.प्र., पृ. 118 पर किया गया है।

12. 1857 के दहकते अंगारे, लेखक सरनाम सिंह, पृ. 199-200 से उद्धृत।
13. Freedom struggle in U.P. Part-1, Information Department U.P. p. 240
14. 1857 के दहकते अंगारे, लेखक सरनाम सिंह, पृ. 200 से उद्धृत
15. वही, पृ. 202 से उद्धृत
16. Freedom struggle in U.P. Part-1, Information Department, U.P. p. 596,598
17. Awadh Gazetteer 1877-78 part-p. 135
18. 1857 के दहकते अंगारे, लेखक सरनाम सिंह, पृ. 202 से उद्धृत
19. बेचारा छोटी सी रियासत का राजा अंग्रेज शक्ति का सामना न कर सका,अंत में बंदी बनाकर लखनऊ भेज दिया गया। बेली गार्द में ही यातनाएँ सह-सहकर उसकी मृत्यु हो गई। (ग़दर के फूल, अमृतलाल नागर, पृ. 88)
20. ग़दर के 'फूल, अमृतलाल नागर, पृ. 85
21. वही, पृ. 90
22. (गोंडा गजे. 1905, पृ. 262-63
23. स्मारिका,1857 संकल्प संस्था, तुलसीपुर।
24. गोंडा गजेटियर 1905, पृ. 262-63
25. नैरेटिव ऑफ इवेंट्स इन अवध : हच्चीसन, पृ. 71-75

अध्याय : 4

# 1857 के बाद स्वाधीनता संग्राम से संबंधित विभिन्न गतिविधियाँ और जनपद श्रावस्ती

भारत की स्वतंत्रता के लिए अंग्रेजों के विरुद्ध आंदोलन दो प्रकार का था—एक, अहिंसक आंदोलन एवं दूसरा, सशस्त्र क्रांतिकारी आंदोलन। भारत की आजादी के लिए 1857 से 1947 के बीच जितने भी प्रयत्न हुए, उनमें स्वतंत्रता का सपना सँजोए क्रांतिकारियों और शहीदों की उपस्थित सबसे अधिक प्रेरणादायी सिद्ध हुई। वस्तुत: भारतीय क्रांतिकारी आंदोलन भारतीय इतिहास का स्वर्ण युग है। भारत की धरती के जितनी भक्ति और मातृ-भावना उस युग में थी, उतनी कभी नहीं रही। मातृभूमि की सेवा और उसके लिए मर-मिटने की जो भावना उस समय थी, आज उसका नितांत अभाव हो गया है।

प्रथम स्वतंत्रता संग्राम के बाद स्वाधीनता के संदर्भ हेतु भारत में जो आंदोलन हुए, उनमें से मुख्य रूप से इस प्रकार हैं—

## भारतीय राष्ट्रीय कांग्रेस

1885 में सुरेंद्र नाथ बैनर्जी ने भारतीय राष्ट्रीय कांग्रेस की स्थापना की। इसका मुख्य लक्ष्य मध्यमवर्गीय शिक्षित नागरिकों के विचारों को आगे लाना था। प्रारंभिक दौर में इसे ब्रिटिश सरकार के सेफ्टी वॉल्व के रूप में देखा गया।

1906 में कलकत्ता में कांग्रेस के अधिवेशन में स्वराज प्राप्ति की घोषणा की गई। उसी के साथ स्वदेशी आंदोलन शुरू हो गया।

## बंगाल विभाजन

1905 में पश्चिम बंगाल का विभाजन हुआ। देश की राजधानी कलकत्ता से बदलकर दिल्ली कर दी गई। बंगाल विभाजन के खिलाफ उपजे आंदोलन को दबाने के लिए ब्रिटिश सरकार ने 1909 में कई सुधारों को लागू किया।

इन्हें मार्ले-मिंटो सुधारों के तौर पर जाना जाता है। इसका लक्ष्य विकास करने की जगह हिंदू और मुस्लिमों में मतभेद पैदा करना था।

## स्वदेशी आंदोलन

भारतीय स्वतंत्रता आंदोलन का एक महत्त्वपूर्ण आंदोलन है जो भारतीयों की सफल रणनीति के लिए जाना जाता है। स्वदेशी का अर्थ है—अपने देश का। इस रणनीति के अंतर्गत ब्रिटेन में बने माल का बहिष्कार करना तथा भारत में बने माल का अधिकाधिक प्रयोग करके ब्रिटेन को आर्थिक हानि पहुँचाना व भारत के लोगों के लिए रोजगार सृजन करना था। स्वदेशी आंदोलन, महात्मा गांधी के स्वतंत्रता आंदोलन का केंद्र बिंदु था। उन्होंने इसे स्वराज की आत्मा भी कहा था।

## महात्मा गांधी की वापसी

मोहनदास करमचंद गांधी 1915 में दक्षिण अफ्रीका में अपने जमे जमाए बैरिस्टर के करियर को त्याग अपने देश वापस आ गए। जब मोहनदास मुंबई के पोलो बंदरगाह पर उतरे तो न वो महात्मा थे और न ही बापू। लेकिन खेड़ा सत्याग्रह, चंपारण सत्याग्रह, स्वदेशी आंदोलन, असहयोग आंदोलन, सविनय अवज्ञा आंदोलन, भारत छोड़ो आंदोलन के बल पर भारत को आजाद कराने में अहम भूमिका निभाई।

यही कारण है कि पहले तो वो गांधी के नाम से प्रसिद्ध हुए और बाद में अपने मूल नाम से ज्यादा राष्ट्रपिता या महात्मा गांधी के नाम से जाने गए।

## जलियाँवाला बाग नरसंहार

स्वतंत्रता आंदोलन के दौर में जहाँ एक ओर सुधारवादी और क्रांतिकारी योजनाएँ बनाई जा रही थीं, वहीं 13 अप्रैल, 1919 को पंजाब में जलियाँवाला बाग नरसंहार हुआ।

उस दिन यहाँ पर बैसाखी मनाने के लिए लोग इकट्ठे हुए थे। यह नरसंहार आज तक के सबसे बड़े नरसंहार में से एक है। हाल ही में जलियाँवाला बाग नरसंहार के 100 साल पूरे हुए हैं।

शांतिपूर्ण ढंग से विरोध करने आए लोगों के लिए वो दिन खूनी रविवार बन गया था। इस नरसंहार के विरोध में रवींद्रनाथ टैगोर ने ब्रिटिश सरकार की मिली 'नाइट हुड' उपाधि को त्याग दिया था।

## खिलाफत आंदोलन

मार्च 1919 में बंबई में एक खिलाफत समिति का गठन किया गया था। मुहम्मद अली और शौकत अली बन्धुओं के साथ-साथ अनेक मुस्लिम नेताओं ने इस मुद्दे पर संयुक्त जन कार्यवाही की संभावना तलाशने के लिए महात्मा गांधी के साथ चर्चा शुरू कर दी। सितंबर 1920 में कांग्रेस के कोलकाता अधिवेशन में महात्मा गांधी ने भी भाग लिया। यह आंदोलन सन् 1919 में लखनऊ से शुरू हुआ था।

## असहयोग आंदोलन

सितंबर 1920 से फरवरी 1922 के बीच महात्मा गांधी तथा भारतीय राष्ट्रीय कांग्रेस के नेतृत्व में असहयोग आंदोलन चलाया गया। इससे भारतीय स्वतंत्रता आंदोलन को एक नई दिशा मिली।

जलियाँवाला बाग नरसंहार सहित अनेक घटनाओं के बाद गांधी जी ने अनुभव किया कि ब्रिटिश हाथों से एक उचित न्याय मिलने की कोई संभावना नहीं है इसलिए उन्होंने ब्रिटिश सरकार से राष्ट्र के सहयोग को वापस लेने की योजना बनाई और यह आंदोलन चलाया गया। यह आंदोलन काफी सफल रहा और इसका दूरगामी असर पड़ा।

## खिलाफत आंदोलन

अंग्रेजी हुकूमत की जंजीरों को तोड़ने की भारत की कोशिशों में खिलाफत आंदोलन महत्त्वपूर्ण आंदोलनों में से एक था। मौलाना मुहम्मद अली और मौलाना शौकत अली के नेतृत्व में खिलाफत आंदोलन दक्षिण एशिया तक फैल गया।

भारत में खिलाफत आंदोलन वर्ष 1915 से 1924 तक चला। इस विरोध की खासियत ये थी कि इसमें तत्कालीन ब्रिटिश भारत के मुसलिम समुदाय ने उपनिवेश वादियों के खिलाफ राष्ट्रीय स्तर पर एकजुट होकर आंदोलन किया।

भारतीय राष्ट्रीय कांग्रेस की देखरेख में हिंदुओं और मुसलमानों ने एकजुट होकर ब्रिटिश राज का विरोध किया। इस आंदोलन को उस समय और मजबूती मिल गई, जब महात्मा गांधी ने उपनिवेशवाद के खिलाफ असहयोग आंदोलन को खिलाफत आंदोलन के साथ जोड़ दिया। इस तरह हिंदू-मुस्लिम एक होकर उपनिवेशवादियों के खिलाफ मजबूती से खड़े हो गए।

## सविनय अवज्ञा आंदोलन

ब्रिटिश साम्राज्यवाद के विरुद्ध भारतीय राष्ट्रीय कांग्रेस द्वारा चलाए प्रमुख जन आंदोलन में से एक था सविनय अवज्ञा आंदोलन। 1929 तक भारत को ब्रिटेन के इरादे पर शक होने लगा था कि अंग्रेज औपनिवेशिक स्वराज्य प्रदान करने की अपनी घोषणा पर अमल करेगा कि नहीं। भारतीय राष्ट्रीय कांग्रेस ने लाहौर अधिवेशन 1929 में घोषणा कर दी थी कि उसका लक्ष्य भारत के लिए पूर्ण स्वाधीनता प्राप्त करना है।

महात्मा गांधी ने अपनी इस माँग पर जोर देने के लिए 6 अप्रैल, 1930 ई. को सविनय अवज्ञा आंदोलन छेड़ा। इसका मकसद सरकार के साथ पूर्ण असहयोग कर ब्रिटिश सरकार को झुकाना था।

## नमक सत्याग्रह आंदोलन

दांडी मार्च जिसे नमक सत्याग्रह, नमक मार्च और दांडी सत्याग्रह के रूप में भी जाना जाता है, महात्मा गांधी के नेतृत्व में औपनिवेशिक भारत में अहिंसक सविनय अवज्ञा का एक कार्य था। चौबीस दिवसीय मार्च 12 मार्च, 1930 से 6 अप्रैल, 1930 तक ब्रिटिश नमक एकाधिकार के खिलाफ कर प्रतिरोध और अहिंसक विरोध के प्रत्यक्ष कार्रवाई अभियान के रूप में चला। इस मार्च का एक अन्य कारण यह था कि सविनय अवज्ञा आंदोलन को एक मजबूत उद्घाटन की आवश्यकता थी जो अधिक लोगों को गांधी के उदाहरण का अनुसरण करने के लिए प्रेरित करे। गांधी ने इस मार्च की शुरुआत अपने

78 भरोसेमंद स्वयंसेवकों के साथ की थी। मार्च 240 मील (390 किमी.), साबरमती आश्रम से दांडी तक फैला, जिसे उस समय (अब गुजरात राज्य में) नवसारी कहा जाता था। रास्ते में भारतीयों की बढ़ती संख्या उनके साथ जुड़ गई। जब गांधी ने 6 अप्रैल, 1930 को सुबह 8:30 बजे ब्रिटिश राज नमक कानूनों को तोड़ा, तो इसने लाखों भारतीयों द्वारा नमक कानूनों के खिलाफ बड़े पैमाने पर सविनय अवज्ञा के कृत्यों को जन्म दिया।

### व्यक्तिगत सत्याग्रह

3 सितंबर, 1939 को भारत के तत्कालीन वायसराय लॉर्ड लिनलिथगो ने यह घोषणा की कि भारत भी द्वितीय विश्वयुद्ध में सम्मिलित है। वायसराय ने इस घोषणा से पूर्व किसी भी राजनीतिक दल से परामर्श नहीं किया। इससे कांग्रेस असंतुष्ट हो गई। महात्मा गांधी ने भी ब्रिटिश सरकार की युद्धनीति का विरोध करने के लिए सन् 1940 में अहिंसात्मक 'व्यक्तिगत सत्याग्रह' आरंभ किया।

### भारत छोड़ो आंदोलन

भारत छोड़ो आंदोलन, द्वितीय विश्वयुद्ध के समय 8 अगस्त, 1942 को आरंभ किया गया था। यह एक आंदोलन था जिसका लक्ष्य भारत से ब्रिटिश साम्राज्य को समाप्त करना था। यह आंदोलन महात्मा गांधी द्वारा अखिल भारतीय कांग्रेस समिति के मुंबई अधिवेशन में शुरू किया गया था। यह भारतीय स्वतंत्रता संग्राम के दौरान विश्वविख्यात काकोरी कांड के ठीक सत्रह साल बाद 9 अगस्त, 1942 को गांधी जी के आह्वान पर समूचे देश में एक साथ आरंभ हुआ। यह भारत को तुरंत आजाद करने के लिए अंग्रेजी शासन के विरुद्ध एक सविनय अवज्ञा आंदोलन था।

भारत छोड़ो आंदोलन सही मायने में एक जन आंदोलन था, जिसमें लाखों आम हिंदुस्तानी शामिल थे। इस आंदोलन ने युवाओं को बड़ी संख्या में अपनी ओर आकर्षित किया। उन्होंने अपने कॉलेज छोड़कर जेल का रास्ता अपनाया। जिस दौरान कांग्रेस के नेता जेल में थे उसी समय जिन्ना तथा मुसलिम लीग के उनके साथी अपना प्रभाव क्षेत्र फैलाने में लगे थे।

### आजाद हिंद फौज

सुभाषचंद्र बोस के नेतृत्व में 21 अक्तूबर, 1943 को आजाद हिंद सरकार का गठन हुआ था। सुभाषचंद्र बोस ने आजाद हिंद फौज के कमांडर की हैसियत से भारत की अस्थायी सरकार बनाई। बहुत जल्द इसे जर्मनी, जापान, फिलीपींस, कोरिया, चीन, इटली और आयरलैंड ने मान्यता दी थी।

सुभाषचंद्र बोस का मानना था कि अंग्रेजों के मजबूत शासन को केवल सशस्त्र विद्रोह के जरिए ही चुनौती दी जा सकती है। ब्रिटिश हुकूमत से आजादी हासिल करने के लिए 1857 से लेकर 1947 तक कई जन आंदोलन चले, जिन्होंने देश को आजादी दिलाने में महत्त्वपूर्ण भूमिका निभाई।

उपरोक्त आंदोलनों की अवधि में बलरामपुर जनपद का अस्तित्व तब गोंडा जनपद की एक तहसील के रूप में था। 'भारत छोड़ो आंदोलन' और सुभाषचंद्र बोस की 'आजाद हिंद फौज' के अतिरिक्त किसी भी आंदोलन का प्रभाव जनपद बलरामपुर के किसी भूभाग पर देखने को नहीं मिलता।

उपरोक्त आंदोलनों में से 'असहयोग आंदोलन', 'सविनय अवज्ञा आंदोलन', 'नमक सत्याग्रह', 'व्यक्तिगत सत्याग्रह', 'भारत छोड़ो' का प्रभाव श्रावस्ती वासियों पर प्रत्यक्ष देखने को मिलता है।

## गांधी जी का बहराइच आगमन

बाबू रामशरण ने बहराइच जिले में कांग्रेस की नींव 1920 में ही डाल दी थी। नागपुर अधिवेशन से लौटने के बाद खद्दर पहनने और देश सेवा का संकल्प लिया। यहीं से गांधी जी के अहिंसा आंदोलन की शुरुआत हुई। 5 फरवरी, 1928 को जब देश में साइमन कमीशन के आने का विरोध चल रहा था तो यह जिला भी पीछे नहीं रहा। इसी सिलसिले में 1929 में महात्मा गांधी यहाँ आए थे। राजकीय इंटर कॉलेज के पुराने मैदान में उन्होंने जनसभा को संबोधित किया। गांधी जी के आंदोलन के बाद यहाँ बाबू विंध्यवासिनी प्रसाद, रघुपति सहाय व पं. गौरीशंकर ने स्वतंत्रता आंदोलन को तेज किया। लोग चरखा चलाने और खादी के उत्पादन के लिए आगे आए। 1930 में जब गांधी जी ने दांडी तट पर नमक कानून तोड़ा तो उन्हें 4 मई, 1930 को गिरफ्तार कर लिया गया।

गांधी जी की गिरफ्तारी की प्रतिक्रिया पूरे देश में हुई। इस दिन बहराइच में हड़ताल रही और शाम को घंटाघर में सभा हुई। स्थान-स्थान पर नमक बनाकर नमक कानून तोड़ा गया। विदेशी कपड़ों की होली जलाई गई। पं. भगवानदीन मिश्र जैसे कई महत्त्वपूर्ण नेता गिरफ्तार किए गए। इसके साथ ही पूरे जिले में नमक कानून तोड़ने की होड़ लग गई। सभाएँ होने लगीं, प्रदर्शन किए गए और इसमें बढ़-चढ़कर हिस्सा लेने वालों को छह-छह महीने की सजा भी हुई। गांधी जी से प्रेरित होकर पं. रामदत्त शर्मा ने सत्याग्रह आश्रम की स्थापना की और ग्रामीण स्वयंसेवकों को चरखा चलाने का प्रशिक्षण देना शुरू किया। यहीं से अहिंसात्मक स्वतंत्रता आंदोलन की रणनीति बनने लगी। सत्याग्रह आंदोलन बढ़ता गया। विदेशी वस्त्रों का विरोध करने पर भिनगा में श्रीराम त्रिपाठी, यदुनाथ प्रसाद दीक्षित समेत 25 स्वयंसेवकों की पिटाई की गई। अक्तूबर 1930 में यहाँ के गांधीवादी नेताओं ने गांधी जी के पत्र आंदोलनकारियों तक पहुँचाने के लिए स्वयंसेवक भी नियुक्त किए। इसके बाद यह आंदोलन आगे बढ़ता गया। 1942 के भारत छोड़ो आंदोलन में भी यहाँ के लोगों ने बढ़-चढ़कर हिस्सा लिया।

क्रांतिकारियों की कर्म स्थली पर सत्य और अहिंसा के बीज खुद महात्मा गांधी ने यहाँ आकर अंकुरित किया था। उनके पग यहाँ पड़े तो पूरा जिला उनके पीछे चल पड़ा। यहीं से अंग्रेजों के साथ-साथ उन रियासतों के खिलाफ भी आंदोलन का बिगुल फूँका जो अंग्रेज सरकार के पिछलग्गू थे। जिले में चरखा चला खादी उत्पादन शुरू हुआ। खादी के उत्पादन में बहराइच जिले को पूरे देश में दूसरा स्थान भी मिला।

इस दौरान जब गांधी जी अपनी पत्नी कस्तूरबा गांधी के साथ यहाँ आए तो राजकीय हाईस्कूल के दो छात्रों ने एकत्र कर 3500 रुपए की पोटली उन्हें भेंट की। गजेटियर में इसका उल्लेख है कि गांधी जी 1929 में बहराइच आए थे और उन्होंने हरिजन कोष के लिए 3500 रुपए प्राप्त किए थे।[1]

## श्रावस्ती के क्रांति वीरों का योगदान

आजादी के लिए श्रावस्ती जिले के एक सौ तेरह दीवानों ने जेलों में यातनाएँ झेलीं। इसमें से कुछ लोगों ने छह माह से लेकर 24 वर्ष तक की कारावास के साथ अर्थदंड को भी झेला। इसमें से कई तो ऐसे थे जो अपने जीवन का अधिकांश हिस्सा जेल में बिता दिया।

आजादी के लिए जिले के स्वतंत्रता संग्राम सेनानियों ने कई बार लाठियाँ खाईं, जेल गए, अर्थदंड भी दिया। यहाँ तक कि गिरफ्तारी के 24 घंटे के अंदर ही इन स्वतंत्रता संग्राम सेनानियों को ब्रिटिश हुकूमत ने सजा सुना दी। सजा होते ही अंग्रेज पुलिस उनके घरों पर अर्थदंड वसूलने पहुँच जाती थी। अर्थदंड न देने पर घरों में कई बार तोड़-फोड़ व मारपीट भी हुई। देखा जाए तो आजादी के दिनों में श्रावस्ती बहराइच जनपद के अंतर्गत ही आता था। लेकिन यदि आजादी के दीवानों की संख्या पर गौर करें तो उस समय करीब 210 स्वतंत्रता संग्राम सेनानी थे। जो अंग्रेजी हुकूमत की प्रताड़ना का शिकार होकर कम-से-कम छह माह की कैद भुगत चुके थे। इसमें से 113 स्वतंत्रता संग्राम सेनानी श्रावस्ती के हिस्से में थे।

श्रावस्ती में जितने भी स्वतंत्रता संग्राम सेनानी थे। उनमें से अधिकांश एक वर्ष से अधिक की कारावास भुगतने वाले थे। इनमें से कुछ का नाम स्वतंत्रता संग्राम में हिस्सा लेनेवाले लोगों की सूची में स्वर्णिम अक्षरों में दर्ज है। ये वे लोग हैं जिन्होंने अपने जीवन का अधिकांश हिस्सा आजादी की लड़ाई में समर्पित कर दिया। यह घूम-फिर कर कारावास या फिर अज्ञातवास में रहे। इनमें से अब कोई नहीं बचा है।

### भिनगा में महिलाओं ने पहली बार आंदोलन में भाग लिया था

19 दिसंबर, 1932 को एक झंडा जुलूस निकाला जाना था। यह झंडा जुलूस स्वयंसेवक भिनगा में भी निकालना चाहते थे। यह पहला अवसर था जब इस आंदोलन में जिले की 15 महिलाओं ने भी झंडा आंदोलन में प्रतिभाग किया था। इसमें से पाँच महिलाओं को पुलिस ने गिरफ्तार करके जेल भी भेजा था। इस पूरे मामले में 290 कार्यकर्ता गिरफ्तार किए गए थे। जिनमें से 230 को छह माह से लेकर डेढ़ वर्ष तक की सजा सुनाई गई थी। शेष को मारपीट के छोड़ दिया गया था।

### क्रांति वीरों द्वारा अंग्रेजों ने भिनगा जंगल के पेड़ों में बाँध दिया था

19 दिसंबर, 1932 को भिनगा में एक झंडा जुलूस निकाला गया था। जिसमें आठ स्वयंसेवक शामिल हुए थे। जब यह जुलूस भिनगा के चौराहे पर पहुँचा तो अंग्रेज पुलिस इन्हें पकड़कर कोतवाली ले आई। यहाँ पहले इनके साथ अमानुषिक व्यवहार किया गया। यही नहीं पिटाई के कुछ देर बाद बिना खाना दिए इन्हें सोहेलवा के जंगल में पेड़ों पर

बाँध दिया गया। बाद में इन स्वयंसेवकों को जंगल में मवेशी चरा रहे चरवाहों ने छुड़ाया। इन्हीं की मदद से यह अपने घर पहुँचे।[2]

## नेहरू जी का श्रावस्ती आगमन

1930 सविनय अवज्ञा आंदोलन को प्रभावी बनाने के लिए यहाँ के क्रांतिकारी वीरों ने बढ़-चढ़कर हिस्सा लिया। इसके साथ ही नमक कानून तोड़ने का सिलसिला भी यहाँ शुरू हुआ। विदेशी वस्त्रों की पिकेटिंग करते हुए पं. श्रीराम त्रिपाठी व यदुनाथ प्रसाद दीक्षित के नेतृत्व में 25 स्वयंसेवकों की भिनगा में पिटाई की गई। इसमें पं. श्रीराम व यदुनाथ गंभीर रूप से घायल हो गए। कुछ दिनों बाद ही इन दोनों को छोटे लाल के साथ इकौना जाते हुए गिरफ्तार किया गया और छह-छह माह की कैद तथा सौ-सौ रुपए अर्थदंड की सजा दी गई। इसी प्रकार भिनगा में पिकेटिंग के सिलसिले में पं. बलदेव मिश्र के नेतृत्व में गए जत्थे में सियाराम चौधरी, इंद्रजीत व अन्य को गिरफ्तार किया गया। इन्हें दफा 107 'में छह-छह माह की कैद और जुर्माना की सजा दी गई। इसके पूर्व गए जत्थे को प्रताड़ित करने के बाद अंग्रेजों ने सोहेलवा जंगल में ले जाकर छोड़ दिया था। स्वतंत्रता संग्राम सेनानी व पूर्व राज्यपाल स्व. सरदार जोगेंद्र सिंह को नमक सत्याग्रह आंदोलन में शामिल होने पर लखनऊ में सबसे पहले 1930 में गिरफ्तार किया गया था। किसानों पर होने वाले अत्याचार को सुनकर 6 अक्तूबर, 1930 को पं. जवाहरलाल नेहरू यहाँ आए और सोनवा, इटहा तथा 7 अक्तूबर को गिलौला और इकौना में जनसभा किया था।[3]

### सन्दर्भ

1. jagran.com/uttar-pradesh/bahraich-gandhi-birthday-19631579
2. amarujala.com/uttar-pradesh/shravasti/one-hundred-and-thirteen-lovers-of-freedom-in-shravasti
3. jagran.com/uttar-pradesh/shravasti-shravasti-news-11552186

अध्याय : 5

# जनपद श्रावस्ती जिले के स्वतंत्रता सेनानी

सविनय अवज्ञा आंदोलन, सत्याग्रह आंदोलन, नमक आंदोलन तथा भारत छोड़ो आंदोलन में भाग लेने वाले स्वतंत्रता सेनानी।

**श्री अक्षयवर दास**

श्री अक्षयवर दास पुत्र महाबली उर्फ महावीर, निवासी ग्राम जोगढ़ गोठवा, जिला श्रावस्ती। व्यक्तिग्रह आंदोलन के दौरान 1 वर्ष की सख्त कैद पुन: भारत छोड़ो आंदोलन के दौरान अनिश्चित कालीन नजर बंद की सजा पाई।

**श्री अनंतराम आर्य**

श्री अनंतराम आर्य पुत्र स्व. गुरप्रसाद, निवासी धाम हडिल्ला, थाना गिलौला, जिला श्रावस्ती। व्यक्तिगत सत्याग्रह आंदोलन के दौरान अनिश्चितकालीन की सजा पाई।

**श्री अर्जुन प्रसाद**

श्री अर्जुन प्रसाद पुत्र स्व० छेदी उर्फ छत्रपाल, निवासी ग्राम रामपुर कोड़री, जिला श्रावस्ती। सविनय अवज्ञा आंदोलन के दौरान 6 माह की सख्त कैद व 50 रुपए जुर्माने की सजा पाई।

**श्री अली शेर**

श्री अली शेर पुत्र स्व. अमीर, निवासी शंकर नगर पड़री सिरसिया, जिला श्रावस्ती। व्यक्तिगत सत्याग्रह आंदोलन के दौरान (वर्ष 1933-34) 6-6 माह की सख्त कैद की सजा पाई।

**श्री अवध नरायन**

श्री रमा पति पुत्र स्व. मतई, निवासी ग्राम मटखनवा, भिनगा श्रावस्ती। सविनय अवज्ञा आंदोलन के दौरान सक्रिय रूप से भाग लिया किंतु गिरफ्तार नहीं हुए। भूमिगत रहकर देश की आजादी के लिए संघर्ष किया।

**श्री अवध नरेश**

श्री अवध नरेश पुत्र स्व. नेतराम निवासी ग्राम नीबाभारी भिनगा, जिला श्रावस्ती। भारत छोड़ो आंदोलन के दौरान अनिश्चितकालीन नजरबंद की सजा पाई।

**श्री अवधराम**

श्री अवधराम पुत्र स्व. राम पदारथ, निवासी ग्राम बरदेहरा, जिला श्रावस्ती। व्यक्तिगत सत्याग्रह आंदोलन के दौरान 9 माह की सख्त कैद तथा 25 रुपए जुर्माना की सजा पाई।

**श्री अशर्फीलाल**

श्री अशर्फीलाल पुत्र स्व. बुधई, निवासी थाना सोनवा, जिला श्रावस्ती। सविनय अवज्ञा आंदोलन 1932 के दौरान सक्रिय रूप से भाग लिया।

**श्री आदित्य प्रसाद**

श्री आदित्य प्रसाद पुत्र स्व. राम प्रगट, निवासी ग्राम सहियापुर अग्गापुर, जिला श्रावस्ती। व्यक्तिगत सत्याग्रह आंदोलन के दौरान 1 माह की सख्त कैद व 50 रुपए जुर्माने की सजा पाई।

**श्री इंद्रजीत**

श्री इंद्रजीत पुत्र बाबूराम, निवासी ग्राम नेवरिया, जिला श्रावस्ती। व्यक्तिगत सत्याग्रह आंदोलन के दौरान 6 माह की सख्त कैद की सजा पाई।

**श्री इंद्रजीत**

श्री इंद्रजीत पुत्र राम रतन, निवासी ग्राम ईटोंझा बनकटी (इकौना), जिला श्रावस्ती। वस्त्र पिकेटिंग आंदोलन एवं सविनय अवज्ञा आंदोलन के दौरान 6 माह की कैद 100 रुपए जुर्माना की सजा पाई थी।

**श्री इस्माइल खाँ**

श्री इस्माइल खाँ पुत्र स्व. अजीमुल्ला खाँ निवासी जौगढ़ गोठवा, जिला श्रावस्ती। भारत छोड़ो आंदोलन के दौरान अनिश्चितकालीन नजरबंद की सजा पाई।

**श्री उदय नरायन**

श्री उदय नारायण पुत्र स्व. राम सेवक, ग्राम फतुहापुर, जिला श्रावस्ती। व्यक्तिगत सत्याग्रह आंदोलन के दौरान दो माह की सख्त कैद व 30 रुपए जुर्माने की सजा पाई।

**श्री औसान अली खाँ**

श्री औसान अली खाँ पुत्र स्व. खास अली खाँ, निवासी ग्राम शंकरपुर, (लक्ष्मन नगर, थाना सोनवा, जिला श्रावस्ती। सविनय अवज्ञा आंदोलन के दौरान भूमिगत रहकर सक्रिय रूप से भाग लिया।

**श्री कंधई**

श्री कंधई पुत्र स्व. सुखई, निवासी ग्राम रामगढ़ी दुर्गापुर, जिला श्रावस्ती। सविनय अवज्ञा आंदोलन के दौरान भूमिगत रहकर आजादी के लिए संघर्ष किया।

**श्री कल्पनाथ**

श्री कल्पनाथ पुत्र द्वारिका, निवासी ग्राम सेमरी, चकपिहानी भिनगा, जिला श्रावस्ती। सविनय आंदोलन के दौरान 8 माह की सख्त कैद व 100 रुपए जुर्माने की सजा पाई।

**श्री कल्याण सिंह**

श्री कल्याण सिंह पुत्र स्व. अहिवंत सिंह, निवासी ग्राम कानी बोझी जमुनहा, जिला श्रावस्ती। व्यक्तिगत सत्याग्रह आंदोलन के दौरान एक वर्ष की सख्त कैद व 100 रुपए जुर्माने की सजा पाई।

**श्री कल्लू**

श्री कल्लू पुत्र बिहारी, निवासी ग्राम बेडसरा, थाना सोनवा-जिला श्रावस्ती। व्यक्तिगत सत्याग्रह आंदोलन के दौरान 6 माह की सख्त कैद व 25 रुपए जुर्माना की सजा पाई।

**श्री कांशीराम**

श्री कांशीराम पुत्र स्व. रामस्वरूप, निवासी ग्राम मध्य नगर सिसवारा (गिलौला), जिला श्रावस्ती। सविनय अवज्ञा आंदोलन के दौरान 6 माह की सख्त सजा और 100 रुपए जुर्माना।

**श्री कामता प्रसाद**

श्री कामता प्रसाद पुत्र राम हर्ष, निवासी ग्राम पांडेयपुरवा, तहसील भिनगा, जिला श्रावस्ती। सविनय अवज्ञा आंदोलन के दौरान सक्रिय रूप से भाग लिया किंतु गिरफ्तार नहीं किए गए। भूमिगत रहकर देश की आजादी के लिए संघर्ष किया।

**श्री काली दत्त सिंह**

श्री काली दत्त सिंह पुत्र स्व. संत बख्श सिंह, निवासी गोठवा, जिला श्रावस्ती। सविनय अवज्ञा आंदोलन के दौरान 6 माह की सख्त कैद व 100 रुपए जुर्माने की सजा पाई।

**श्री कुंज बिहारी**

श्री कुंज बिहारी पुत्र लाले, निवासी ग्राम औरया निधान गिलौला, जिला श्रावस्ती। व्यक्तिगत सत्याग्रह आंदोलन के दौरान एक वर्ष की सख्त कैद व 50 रुपए जुर्माने की सजा पाई।

**श्री कुंज बिहारी**

श्री कुंज बिहारी पुत्र राम लखन, निवासी ग्राम हरिहरपुर रानी, तहसील भिनगा, जिला श्रावस्ती। सविनय अवज्ञा आंदोलन के दौरान सक्रिय रूप से भाग लिया किंतु गिरफ्तार नहीं किए गए। भूमिगत शंकर देश की आजादी के लिए संघर्ष किया।

**श्री कुंदनलाल**

श्री कुंदनलाल स्व. बालकराम, निवासी ग्राम कोटवा इकौना, जिला श्रावस्ती। भारत छोड़ो आंदोलन के दौरान अनिश्चितकालीन नजरबंद की सजा पाई।

**श्री गंगाराम**

श्री गंगाराम पुत्र स्व. गुरचरण, शाहपुर बरगदवा, जिला श्रावस्ती। व्यक्तिगत आंदोलन के दौरान 6 माह की कैद व 50 रुपए जुर्माना, भारत छोड़ो आंदोलन के दौरान अनिश्चित कालीन नजरबंद की सजा पाई।

**श्री गंगाराम**

श्री गंगाराम पुत्र स्व. नारायण, निवासी ग्राम सेमरी चक पिहानी, भींगा, जिला श्रावस्ती। सविनय अवज्ञा आंदोलन के दौरान 6 माह की सख्त कैद व 100 रुपए जुर्माने की सजा पाई।

**श्री गया दीन**

श्री गया दीन पुत्र जोद्धा, निवासी ग्राम हरिहर पटना, जिला श्रावस्ती। भारत छोड़ो आंदोलन के दौरान एक वर्ष की सख्त कैद और 100 रुपए जुर्माने की सजा पाई।

**श्री गुट्टे**

श्री गुट्टे पुत्र स्व. मोहन, निवासी ग्राम व थाना गिलौला, जिला श्रावस्ती। विदेशी वस्त्र बहिष्कार आंदोलन 1930 के दौरान गिरफ्तार किए गए।

**श्री गोविंद प्रसाद**

श्री गोविंद प्रसाद, पुत्र स्व. सीताराम, निवासी जिगिनिहा, थाना सोनवा, जिला श्रावस्ती। व्यक्तिगत सत्याग्रह आंदोलन 1941 में सक्रिय रूप से भाग लिया।

**श्री गोविंद प्रसाद**

श्री गोविंद प्रसाद, इकौना, जिला श्रावस्ती। व्यक्तिगत सत्याग्रह आंदोलन के दौरान गिरफ्तार हुए लेकिन सजा नहीं पाई।

**श्री घसीटे**

श्री घसीटे पुत्र स्व. पैलू, निवासी ग्राम घोरमा परसिया, थाना गिलौला, जिला श्रावस्ती। सविनय अवज्ञा आंदोलन के दौरान भूमिगत रहकर आजादी के लिए संघर्ष किया।

**श्री छत्रपाल**

श्री छत्रपाल पुत्र स्व. पृथ्वी सिंह, निवासी ग्राम कानोबोझी जमुनहा, जिला श्रावस्ती। भारत छोड़ो आंदोलन के दौरान अनिश्चितकालीन नजरबंद की सजा पाई।

**श्री छेदी**

श्री छेदी पुत्र स्व. बिपत, निवासी ग्राम लालपुर खदरा इकौना, जिला श्रावस्ती। सविनय अवज्ञा आंदोलन के दौरान सक्रिय रूप से भाग लिया, गिरफ्तार किए गए किंतु सजा नहीं पाई।

**श्री छेदीराम वर्मा**

श्री छेदीराम वर्मा पुत्र स्व. महावीर, निवासी लालपुर अयोध्या, जिला श्रावस्ती। व्यक्तिगत सत्याग्रह आंदोलन के दौरान 6 माह की सख्त कैद व 100 रुपए जुर्माना, पुनः भारत छोड़ो आंदोलन के दौरान 2 वर्ष की सख्त कैद व 50 रुपए जुर्माने की सजा पाई।

**श्री छेदीराम**

श्री छेदीराम पुत्र स्व. महावीर, निवासी गोठवा भिनगा, जिला श्रावस्ती। व्यक्तिगत सत्याग्रह आंदोलन के दौरान सक्रिय रूप से भाग लिया, एक दिन की सजा पाई।

**श्री छोटे**

श्री छोटे पुत्र स्व. ..., निवासी धन्नीपुरवा, सिरसिया, जिला श्रावस्ती। सविनय अवज्ञा आंदोलन के दौरान सक्रिय रूप से भाग लिया।

**श्री छोटे लाल**

श्री छोटे लाल पुत्र चत्तुर, निवासी ग्राम फतुहापुर, जिला श्रावस्ती। भारत छोड़ो आंदोलन के दौरान नौ माह की सख्त कैद की सजा पाई।

**श्री जगजीवन प्रसाद**

श्री जगजीवन प्रसाद पुत्र स्व. हरिवंश, निवासी ग्राम बनकटवा, लक्ष्मणपुर बाजार, जिला श्रावस्ती। व्यक्तिगत सत्याग्रह आंदोलन के दौरान 4 माह की सख्त कैद व 100 रुपए जुर्माना एवं भारत छोड़ो आंदोलन के दौरान 9 माह की सख्त कैद की सजा पाई।

**श्री जगत नरायन दूबे**

श्री जगत नरायन दूबे पुत्र स्व. तुलसीराम दूबे, निवासी ग्राम केशवापुर पजावा, जिला श्रावस्ती। व्यक्तिगत सत्याग्रह आंदोलन के दौरान दो माह की सख्त कैद व 25 रुपए जुर्माना, पुनः भारत छोड़ो आंदोलन के दौरान अनिश्चितकालीन नजरबंद की सजा पाई।

**श्री जगदीश बख्श सिंह**

श्री जगदीश बख्श सिंह पुत्र स्व. गिरधर सिंह, निवासी खपरिहा दुर्गापुर, जिला श्रावस्ती। भारत छोड़ो आंदोलन के दौरान अनिश्चितकालीन नजरबंद की सजा पाई।

**श्री जगन्नाथ प्रसाद कामरेड**

श्री जगन्नाथ प्रसाद कामरेड पुत्र स्व. राम प्रगट, निवासी चलहवा भिनगा, जिला श्रावस्ती। व्यक्तिगत सत्याग्रह आंदोलन के दौरान 6 माह की सख्त कैद व 100 रुपए जुर्माने की सजा पाई।

**श्री जनार्दन प्रसाद**

श्री जनार्दन प्रसाद पुत्र स्व. दृगपाल, निवासी ग्राम कटैया दीननामगढ़ इकौना, जिला श्रावस्ती। व्यक्तिगत सत्याग्रह आंदोलन के दौरान एक वर्ष की सख्त कैद व 25 रुपए जुर्माना, पुनः भारत छोड़ो आंदोलन के दौरान अनिश्चितकालीन नजरबंद की सजा पाई।

**श्री जयलाल**

श्री जयलाल पुत्र भवानी प्रसाद, निवासी ग्राम भांभेपारा इकौना, जिला श्रावस्ती। सविनय अवज्ञा आंदोलन के दौरान आपने सक्रिय रूप से भाग लिया, गिरफ्तार किए गए, परंतु सजा नहीं मिली।

**श्री जोगी शरण**

श्री जोगी शरण पुत्र महाबली, निवासी ग्राम बेरिया कुंडी (खाना पुरवा), जिला श्रावस्ती। सविनय अवज्ञा आंदोलन के दौरान 6 माह की सख्त कैद व 50 रुपए जुर्माने की सजा पाई।

**श्री झगरू**

श्री झगरू पुत्र स्व. जोखन, ग्राम लोहनिया, पोस्ट विशुनापुर पवलिया, जिला श्रावस्ती व्यक्तिगत सत्याग्रह आंदोलन के दौरान...माह की कैद, 40 रुपए जुर्माना पुनः भारत छोड़ो आंदोलन के दौरान 50 रुपए जुर्माने की सजा पाई।

**श्री झुर्रा**

श्री झुर्रा पुत्र स्व. हीरा लाल, निवासी ग्राम फतुहापुर, थाना सोनवा, जिला श्रावस्ती। सविनय अवज्ञा आंदोलन के दौरान भूमिगत रहकर आजादी के लिए संपर्क किया।

**श्री ठाकुर प्रसाद**

श्री ठाकुर प्रसाद पुत्र स्व. नीलकंठ, निवासी ग्राम हरिहरपुर रानी भिनगा, जिला श्रावस्ती। सविनय अवज्ञा आंदोलन के दौरान सक्रिय रूप से भाग लिया किंतु गिरफ्तार नहीं किए गए। भूमिगत रहकर देश की आजादी के लिए संघर्ष किया।

**श्री ढोंढ़े**

श्री ढोंढ़े पुत्र स्व. इतवारी, निवासी एलहवा भंगहा, जिला श्रावस्ती। सविनय अवज्ञा आंदोलन के दौरान सक्रिय रूप से भाग लिया किंतु पकड़े नहीं गए। भूमिगत रहकर देश की आजादी के लिए संघर्ष किया।

**श्री तुलसी**

श्री तुलसी पुत्र स्व. राम अवतार, निवासी ग्राम धुसवा रतनापुर, थाना सोनवा, जिला श्रावस्ती। व्यक्तिगत सत्याग्रह आंदोलन 1941 में सक्रिय रूप से भाग लिया।

**श्री तुलसीराम**

श्री तुलसीराम, निवासी गोहनिया सिसवारा, जिला श्रावस्ती। सविनय अवज्ञा आंदोलन के दौरान सक्रिय रूप से भाग लिया, किंतु पकड़े नहीं गए।

**श्री तोताराम**

श्री तोताराम पुत्र स्व. राम अवतार, निवासी इकौना, जिला श्रावस्ती। सविनय अवज्ञा आंदोलन के दौरान सक्रिय रूप से भाग लिया, गिरफ्तार किए गए किंतु सजा नहीं मिली।

**श्री दतई**

श्री दतई पुत्र स्व. बैजू, निवासी ग्राम सुविखा, थाना गिलौला, जिला श्रावस्ती। सविनय अवज्ञा आंदोलन के दौरान भूमिगत रहकर आजादी के लिए संघर्ष किया।

**श्री दशरथ**

श्री दशरथ पुत्र स्व. बल्ली, निवासी ग्राम भरथापुर इकौना, जिला श्रावस्ती। सविनय अवज्ञा आंदोलन के दौरान 6 माह की सख्त कैद एवं 50 रुपए जुर्माना, पुनः व्यक्तिगत सत्याग्रह आंदोलन के दौरान 4 माह की सख्त कैद व 25 रुपए जुर्माने की सजा पाई।

**श्री दशरथ**

श्री दशरथ पुत्र स्व. भगवानदीन निवासी ग्राम जिगिनिहा, थाना सोनवा, जिला श्रावस्ती। सविनय अवज्ञा आंदोलन 1932 में सक्रिय रूप से भाग लिया।

**श्री दाता राम**

श्री दाता राम पुत्र स्व. ललई निवासी दिकौली, थाना सोनवा, जिला श्रावस्ती, व्यक्तिगत सत्याग्रह आंदोलन के दौरान...माह की सख्त कैद व 150 रुपए जुर्माने की सजा पाई।

### श्री देव प्रयाग

श्री देव प्रयाग पुत्र हरि प्रसाद, निवासी ग्राम खुरुहरी, जिला श्रावस्ती। सविनय अवज्ञा आंदोलन के दौरान 6 माह की सख्त कैद, व्यक्तिगत सत्याग्रह आंदोलन के दौरान 6 माह की कैद, पुनः भारत छोड़ो आंदोलन के दौरान अनिश्चितकालीन नजरबंद रहे।

### श्री देवी दयाल

श्री देवी दयाल पुत्र स्व. केवल राम, निवासी बेनीडिहवा एकघरवा जिला श्रावस्ती। व्यक्तिगत सत्याग्रह आंदोलन के दौरान 4 माह की सख्त कैद, 20 रुपए जुर्माना, पुनः भारत छोड़ो आंदोलन के दौरान अनिश्चितकालीन नजरबंद की सजा पाई।

### श्री देवी प्रसाद

श्री देवी प्रसाद पुत्र श्यामानंद, निवासी मोहम्मदपुर कलां गोठवा, जिला श्रावस्ती। व्यक्तिगत सत्याग्रह आंदोलन के दौरान 6 माह की सख्त कैद व 100 रुपए जुर्माने की सजा पाई।

### श्री देवी दीन

श्री देवी दीन पुत्र स्व. राम किशुन, निवासी ग्राम गुजवारा सोनवा, जिला श्रावस्ती। सविनय अवज्ञा आंदोलन के दौरान 6 माह की सख्त कैद व 200 रुपए जुर्माने की सजा पाई।

### श्री देवी दीन

श्री देवी दीन पुत्र रघुनाथ, निवासी ग्राम दूबकलां सोनवा, जिला श्रावस्ती। सविनय अवज्ञा आंदोलन के दौरान भूमिगत रहकर आजादी के लिए किया।

### श्री देवी दीन

श्री देवी दीन पुत्र स्व. पाटन प्रसाद, निवासी ग्राम-पोस्ट भंगहा, तहसील भिनगा, जिला श्रावस्ती। सविनय अवज्ञा आंदोलन में सक्रिय रूप से भाग लिया किंतु गिरफ्तार नहीं हुए। भूमिगत रहकर देश की आजादी के लिए संघर्ष किया।

**श्री द्वारका प्रसाद**

श्री द्वारका प्रसाद पुत्र स्व. राजाराम, निवासी ग्राम जिगनियाँ, थाना सोनवा, जिला श्रावस्ती। व्यक्तिगत सत्याग्रह आंदोलन के दौरान एक दिन की कैद व 20 रुपए जुर्माने की सजा पाई।

**श्री धर्म दास चौधरी**

श्री धर्म दास चौधरी पुत्र स्व. राम औतार, निवासी ग्राम ककन्धू, जिला श्रावस्ती। सविनय अवज्ञा आंदोलन के दौरान 18 माह की सख्त कैद व 100 रुपए जुर्माने की सजा पाई।

**श्री नगेसर कुर्मी**

श्री नगेसर कुर्मी पुत्र स्व. नकछेद उर्फ हरिचरन, निवासी ग्राम जिगिनिहा, थाना सोनवा, जिला श्रावस्ती। व्यक्तिगत सत्याग्रह आंदोलन के दौरान दो माह की सख्त कैद व 30 रुपए जुर्माने की सजा पाई।

**श्री नगेसर बढ़ई**

श्री नगेसर बढ़ई पुत्र स्व. प्रगास, निवासी ग्राम जिगनिया, थाना सोनवा, जिला श्रावस्ती। व्यक्तिगत सत्याग्रह आंदोलन के दौरान एक दिन की कैद व 5 रुपए जुर्माने की सजा पाई।

**श्री ननकऊ**

श्री ननकऊ पुत्र स्व. छंगा, निवासी ग्राम सेमरा गोहनिया, भिनगा, जिला श्रावस्ती। सविनय अवज्ञा आंदोलन के दौरान एक वर्ष कैद की सजा पाई।

**श्री नव निधि आर्य**

श्री नव निधि आर्य पुत्र स्व. चंद्र बहादुर लाल आर्य, निवासी ग्राम भरथापुर सिस्वारा (इकौना) पूर्व निवासी जयचंदपुर कटघरा, जिला श्रावस्ती। वस्त्र पिकेटिंग आंदोलन के

दौरान...माह की सख्त कैद और 100 रुपए जुर्माना, व्यक्तिगत सत्याग्रह आंदोलन के दौरान 6 माह की सख्त कैद व 50 रुपए जुर्माना, पुनः भारत छोड़ो आंदोलन के दौरान अनिश्चितकालीन नजरबंद की सजा पाई आप जिला स्वतंत्रता संग्राम सेनानी परिषद बहराइच / श्रावस्ती के 16 वर्षों तक अध्यक्ष रहे।

**श्री नानक शरण**

श्री नानक शरण पुत्र स्व. हरिपाल, निवासी ग्राम महामत, जिला श्रावस्ती। व्यक्तिगत सत्याग्रह आंदोलन के दौरान 6 माह की सख्त कैद व 100 रुपए जुर्माने की सजा पाई।

**श्री निरहू**

श्री निरहू पुत्र स्व. बुधई, निवासी ग्राम फतुहापुर, जिला श्रावस्ती। सविनय अवज्ञा आंदोलन के दौरान भूमिगत रहकर भाग लिया।

**श्री निरहू**

श्री निरहू पुत्र स्व. रामचरन, निवासी ग्राम फतुहापुर थाना सोनवा, जिला श्रावस्ती। व्यक्तिगत सत्याग्रह आंदोलन के दौरान एक वर्ष की सख्त कैद व 100 रुपए जुर्माने की सजा पाई।

**श्री नूर मुहम्मद**

श्री नूर मुहम्मद पुत्र स्व. अब्दुल्ला, निवासी ग्राम फत्तेपुर जमुनहा, जिला श्रावस्ती। व्यक्तिगत सत्याग्रह आंदोलन के दौरान 6 माह की सख्त कैद व 50 रुपए जुर्माने की सजा पाई।

**श्री न्याय भास्कर**

श्री न्याय भास्कर पुत्र चंद्र बहादुर, निवासी ग्राम जयचंद्रपुर कटघरा इकौना, जिला श्रावस्ती। व्यक्ति सत्याग्रह आयोजन के दौरान 6 माह की कैद व 30 रुपए जुर्माने की सजा पाई।

**श्री पतिराम**

श्री पतिराम पुत्र स्व. सूरज बली, निवासी ग्राम कलकलवा जमुनहा, जिला श्रावस्ती। व्यक्तिगत सत्याग्रह आंदोलन के दौरान एक वर्ष की सख्त कैद व 100 रुपए जुर्माने की सजा पाई।

**श्री परमेश्वर**

श्री परमेश्वर पुत्र स्व. मोहन, निवासी ग्राम विशंभरपुर, थाना सोनवा, जिला श्रावस्ती। सविनय अवज्ञा आंदोलन के दौरान भूमिगत रहकर आजादी के लिए संघर्ष किया।

**श्री पलटन**

श्री पलटन पुत्र स्व. रामस्वरूप, निवासी ग्राम व थाना गिलौला, जिला श्रावस्ती। सविनय अवज्ञा आंदोलन 1932 के दौरान सक्रिय रूप से भाग लिया।

**श्री बच्चाराम**

श्री बच्चाराम पुत्र स्व. रामफल, निवासी ग्राम इकौना बाजार, जिला श्रावस्ती। सविनय अवज्ञा आंदोलन के दौरान सक्रिय रूप से भाग लिया और पंडित महादेव प्रसाद मिश्र के सहयोगी रहे।

**श्री बच्चू**

श्री बच्चू पुत्र स्व. लालता, निवासी ग्राम पटना मल्लीपुर जमुनहा, जिला श्रावस्ती। भारत छोड़ो आंदोलन के दौरान अनिश्चितकालीन नजरबंद की सजा पाई।

**श्री बच्चू**

श्री बच्चू पुत्र स्व. छेदीराम, निवासी ग्राम फतुहापुर, थाना सोनवा, जिला श्रावस्ती। सविनय अवज्ञा आंदोलन के दौरान भूमिगत रहकर आजादी के लिए संघर्ष किया।

**श्री बच्चू**

श्री बच्चू पुत्र स्व. हरिभजन, निवासी ग्राम बरदेहरा, थाना सोनवा, जिला श्रावस्ती। व्यक्तिगत सत्याग्रह आंदोलन के दौरान 6 माह की सख्त कैद व 30 रुपए जुर्माने की सजा पाई।

**श्री बदल**

श्री बदल पुत्र स्व० सरजू प्रसाद, निवासी ग्राम विश्वंभरपुर, थाना सोनवा, जिला श्रावस्ती। सविनय अवज्ञा आंदोलन के दौरान भूमिगत रहकर सक्रिय रूप से भाग लिया।

**श्री बदलू**

श्री बदलू पुत्र स्व. लौटन, निवासी ग्राम सेमरा गोहनिया, भिनगा, जिला श्रावस्ती। सविनय अवज्ञा आंदोलन के दौरान एक वर्ष की सख्त कैद की सजा पाई।

**श्री बद्री प्रसाद**

श्री बद्री प्रसाद पुत्र फूलमन, निवासी ग्राम-थाना गिलौला, जिला श्रावस्ती। भारत छोड़ो आंदोलन के दौरान 1 वर्ष 3 माह की सख्त कैद व 100 रुपए जुर्माने की सजा पाई।

**श्री बद्री नाथ**

श्री बद्री नाथ पुत्र सुंदर दास, निवासी ग्राम सुविखा गिलौला, जिला श्रावस्ती। व्यक्तिगत सत्याग्रह आंदोलन के दौरान एक दिन की कैद। पुनः भारत छोड़ो आंदोलन के दौरान एक वर्ष कैद की सज़ा पाई।

**श्री बलराम**

श्री बलराम पुत्र स्व. मोहन, निवासी निरहा लोहरासपुर, थाना सोनवा, जिला श्रावस्ती। व्यक्तिगत सत्याग्रह आंदोलन के दौरान 1941 में सक्रिय रूप से भाग लिया।

**श्री बल्दी**

श्री बल्दी पुत्र स्व. फागू, निवासी ग्राम चिचड़ी इकौना, जिला श्रावस्ती। सविनय अवज्ञा आंदोलन के दौरान सक्रिय रूप से भाग लिया किंतु पकड़े नहीं गए। भूमिगत रहकर देश की आजादी के लिए संघर्ष किया।

**श्री बाबू चाईं**

श्री बाबू चाईं पुत्र बंधू चाईं, निवासी ग्राम गोठवा, जिला श्रावस्ती। सविनय अवज्ञा आंदोलन के दौरान 6 माह की सख्त कैद व 20 रुपए जुर्माने की सजा पाई।

**श्री बालकराम**

श्री बालकराम पुत्र स्व. हनुमत, निवासी ग्राम सेमरा गौहनिया, भिनगा, जिला श्रावस्ती। सविनय अवज्ञा आंदोलन के दौरान एक वर्ष कैद की सजा पाई।

**श्री बालकराम**

श्री बालकराम पुत्र स्व. गयादीन, निवासी ग्राम बरगदवा जमुनहा, जिला श्रावस्ती। व्यक्तिगत सत्याग्रह आंदोलन के दौरान 6 माह की सख्त कैद व 50 रुपए जुर्माने की सजा पाई।

**श्री बाले शाह**

श्री बाले शाह पुत्र स्व. महावीर, निवासी ग्राम दिकौली, थाना सोनवा, जिला श्रावस्ती। सविनय अवज्ञा आंदोलन के दौरान भूमिगत रहकर आजादी के लिए संघर्ष किया।

**श्री बिंद्रा प्रसाद**

श्री बिंद्रा प्रसाद पुत्र राम प्रसाद, निवासी ग्राम हरिहरपुर रानी, तहसील भिनगा, जिला श्रावस्ती। सविनय अवज्ञा आंदोलन के दौरान सक्रिय रूप से भाग लिया किंतु गिरफ्तार नहीं किए गए। भूमिगत रहकर देश की आजादी के लिए संघर्ष किया।

**श्री बिहारी**

श्री बिहारी पुत्र ननकऊ, निवासी ग्राम पटना खरगौरा, भिनगा, जिला श्रावस्ती। सविनय अवज्ञा आंदोलन के दौरान 6 माह की सख्त कैद व 100 रुपए जुर्माने की सजा पाई।

**श्री बिपत**

श्री हबपत पुत्र स्व. छांगुर, निवासी तिलकपुर गिलौला, जिला श्रावस्ती। सविनय अवज्ञा आंदोलन के दौरान सन् 1932 में सक्रिय रूप से भाग लिया।

**श्री बिपत**

श्री बिपत पुत्र स्व. जोधा, निवासी ग्राम हरिहरपुर रानी, तहसील भिनगा, जिला श्रावस्ती। सविनय अवज्ञा आंदोलन के दौरान सक्रिय रूप से भाग लिया किंतु गिरफ्तार नहीं किए गए। भूमिगत रहकर देश की आजादी के लिए संघर्ष किया।

**श्री बृजलाल**

श्री बृजलाल पुत्र स्व. मुरलीधर, निवासी ग्राम उदईपुर भिनगा, जिला श्रावस्ती। व्यक्तिगत सत्याग्रह आंदोलन के दौरान 6 माह की सख्त कैद व 25 रुपए जुर्माने की सजा पाई। पुनः भारत छोड़ो आंदोलन के दौरान अनिश्चितकालीन नजरबंद की सजा पाई।

**श्री बेचईलाल**

श्री बेचईलाल पुत्र स्व. राम सेवक, निवासी रामपुर पैंडा (गिलौला), जिला श्रावस्ती। सविनय अवज्ञा आंदोलन के दौरान 6 माह की सख्त कैद व 50 रुपए जुर्माने की सजा पाई।

**श्री बेचन**

श्री बेचन पुत्र स्व. महावीर, निवासी ग्राम दिकोली सोनवा, जिला श्रावस्ती। सविनय अवज्ञा आंदोलन के दौरान भूमिगत रहकर आजादी के लिए संघर्ष किया।

**श्री बेचन**

श्री बेचन पुत्र स्व. सुखई, निवासी ग्राम रामपुर कोड़री, थाना सोनवा, जिला श्रावस्ती। सविनय अवज्ञा आंदोलन के दौरान आजादी के लिए संघर्ष किया।

**श्री बेचू दयाल**

श्री बेचू दयाल पुत्र स्व. राम अधीन, निवासी ग्राम कमला भारी गिलौला, जिला श्रावस्ती। सविनय अवज्ञा आंदोलन के दौरान 6 माह की सख्त कैद व 100 रुपए जुर्माने की सज़ा पाई।

**श्री बेचेलाल**

श्री बेचेलाल पुत्र स्व. राम गुलाम, निवासी ग्राम पटना मल्हीपुर, जिला श्रावस्ती। व्यक्तिगत सत्याग्रह आंदोलन के दौरान एक वर्ष की सख्त कैद व 100 रुपए जुर्माने की सजा पाई।

**श्री बैजू**

श्री बैजू पुत्र स्व. रामचरन, निवासी ग्राम-थाना गिलौला, जिला श्रावस्ती। सविनय अवज्ञा आंदोलन के दौरान भूमिगत रहकर भाग लिया।

**श्री भगवान दास**

श्री भगवान दास पुत्र स्व. रामचरन, निवासी ग्राम लक्ष्मण नगर, थाना सोनवा, जिला श्रावस्ती। सविनय अवज्ञा आंदोलन के दौरान भूमिगत रहकर संघर्ष किया।

**श्री भगवानदास**

श्री भगवानदास पुत्र हरदत्त, निवासी विशुनपुर दुधवनिया, जिला श्रावस्ती। व्यक्तिगत सत्याग्रह आंदोलन के दौरान 4 माह की सख्त कैद व 15 रुपए जुर्माने की सजा पाई।

**श्री भगौती प्रसाद**

श्री भगौती प्रसाद पुत्र उत्तरी प्रसाद, निवासी ग्राम बदनपुर सिरसिया, जिला श्रावस्ती। व्यक्तिगत सत्याग्रह आंदोलन के दौरान 2 मास की सख्त कैद व 30 रुपए जुर्माना एवं पुन: भारत छोड़ो आंदोलन के दौरान 1 वर्ष की सख्त कैद व 50 रुपए जुर्माना की राजा पाई।

**श्री भगौती प्रसाद**

श्री भगौती प्रसाद पुत्र स्व. राजाराम, निवासी ग्राम बड़ेसरी, थाना सोनवा, जिला श्रावस्ती। सविनय अवज्ञा आंदोलन के दौरान भूमिगत रहकर आजादी के लिए संघर्ष किया।

**श्री भगौती प्रसाद**

श्री भगौती प्रसाद पुत्र स्व. राम सेवक, निवासी ग्राम फतुहापुर, थाना सोनवा, जिला श्रावस्ती। व्यक्तिगत सत्याग्रह आंदोलन के दौरान 4 माह की सख्त कैद व 25 रुपए जुर्माने की सजा पाई।

**श्री भगौती प्रसाद**

श्री भगौती प्रसाद पुत्र स्व. श्री मातादीन, निवासी ग्राम शाहपुर बरगदवा, जिला श्रावस्ती। भारत छोड़ो आंदोलन के दौरान अनिश्चितकालीन नजरबंद की सजा पाई।

**श्री भगौती प्रसाद**

श्री भगौती प्रसाद, निवासी ग्राम बेडसरा, थाना सोनवा, जिला श्रावस्ती। व्यक्तिगत सत्याग्रह आंदोलन के दौरान 6 माह की सख्त कैद व 25 रुपए जुर्माना की सजा पाई।

**श्री भगौती प्रसाद**

श्री भगौती प्रसाद, निवासी ग्राम कल्यानपुर, दीननामगढ़ इकौना, जिला श्रावस्ती। व्यक्तिगत सत्याग्रह आंदोलन के दौरान 9 माह की सख्त कैद व 250 रुपए जुर्माना की सजा पाई।

**श्री भवानी प्रसाद**

श्री भवानी प्रसाद पुत्र स्व. शंभू, निवासी ग्राम दिकौली सोनवा, जिला श्रावस्ती। सविनय आंदोलन के दौरान 1932 में सक्रिय रूप से भाग लिया।

**श्री भिखारी**

श्री भिखारी पुत्र स्व. देवी दीन, निवासी ग्राम कल्यानपुर, थाना गिलौला, जिला श्रावस्ती। सविनय अवज्ञा आंदोलन के दौरान भूमिगत रहकर आजादी के लिए संघर्ष किया।

**श्री भुजंग**

श्री भुजंग पुत्र स्व. रघुवर, निवासी ग्राम उत्तमापुर चौगाई, थाना सोनवा, जिला श्रावस्ती। सविनय अवज्ञा आंदोलन में 1932 में सक्रिय रूप से भाग लिया।

**श्री भुलई**

श्री भुलई पुत्र स्व. हीरा, निवासी ग्राम निरहा लोहरासपुर, जिला श्रावस्ती। व्यक्तिगत सत्याग्रह आंदोलन के दौरान 6 माह की सख्त कैद व 30 रुपए जुर्माने की सजा पाई।

**श्री मंगल प्रसाद**

श्री मंगल प्रसाद पुत्र स्व. महावीर प्रसाद, निवासी ग्राम सुविखा गिलौला, जिला श्रावस्ती। व्यक्तिगत सत्याग्रह आंदोलन के दौरान नौ माह की सख्त कैद व 25 रुपए जुर्माने की सजा पाई।

**श्री मंगल प्रसाद**

श्री मंगल प्रसाद पुत्र स्व. साधु शरण, निवासी ग्राम नेवादा, अमवा भिनगा, जिला श्रावस्ती। सविनय अवज्ञा आंदोलन वर्ष 1932 में सक्रिय रूप से भाग लिया। किंतु गिरफ्तार नही किए गए।

**श्री मगन बिहारी**

श्री मगन बिहारी पुत्र त्रिलोकी नाथ, निवासी ग्राम व पोस्ट नौबस्ता, तहसील भिनगा, जिला श्रावस्ती। सविनय अवज्ञा आंदोलन के दौरान सक्रिय रूप से भाग लिया किंतु गिरफ्तार नहीं किए गए। महादेव प्रसाद मिश्र के साथ भूमिगत रहकर देश की आजादी के लिए संघर्ष किया।

**श्री मतई**

श्री मतई पुत्र स्व. भुलई, निवासी ग्राम चंद्रखा बुजुर्ग (जिगिनिहा), जिला श्रावस्ती। व्यक्तिगत सत्याग्रह आंदोलन के दौरान 6 माह की सख्त कैद व 10 रुपए जुर्माना, पुनः भारत छोड़ो आंदोलन के दौरान अनिश्चितकालीन नजरबंद की सजा पाई।

**श्री मनीराम**

श्री मनीराम पुत्र कामता प्रसाद, निवासी धागा सिरसिया, जिला श्रावस्ती। व्यक्तिगत सत्याग्रह आंदोलन के दौरान 9 माह की सख्त कैद व 200 रुपए जुर्माने की सजा पाई।

**श्री मल्लर**

श्री मल्लर पुत्र स्व. होली, निवासी ग्राम जिगिनिहा, थाना सोनवा, जिला श्रावस्ती। व्यक्तिगत सत्याग्रह आंदोलन के दौरान दो माह की सख्त कैद व 30 रुपए जुर्माने की सजा पाई।

**श्री महादेव प्रसाद**

श्री महादेव प्रसाद पुत्र स्व. नेतराम, निवासी ग्राम नीबाभारी भिनगा, जिला श्रावस्ती। भारत छोड़ो आंदोलन के दौरान दो माह नजरबंद की सजा पाई।

**श्री महादेव प्रसाद**

श्री महादेव प्रसाद पुत्र स्व. दीन दयाल, निवासी ग्राम धोरमा परसिया, गिलौला, जिला श्रावस्ती। सविनय अवज्ञा आंदोलन के दौरान एक वर्ष सख्त कैद व 100 रुपए जुर्माने

की सजा पाई। 15 अगस्त, 2004 से 31 दिसंबर, 2015 तक आप लगातार जिला स्वतंत्रता सेनानी परिषद बहराइच के अध्यक्ष रहे हैं।

**श्री महादेव प्रसाद**

श्री महादेव प्रसाद पुत्र मतई, निवासी ग्राम कलकलवा, जिला श्रावस्ती। व्यक्तिगत सत्याग्रह आंदोलन के दौरान 6 माह की सख्त कैद व 50 रुपए जुर्माने की सजा पाई।

**श्री महादेव**

श्री महादेव पुत्र छेदी उर्फ छत्रपाल, निवासी भौखारा (पथरिया) जिला श्रावस्ती। सविनय अवज्ञा आंदोलन के दौरान पं. महादेव प्रसाद अपने भाई हरद्वार के साथ सक्रिय रूप से भाग लिया तथा भूमिगत रहकर संघर्ष किया।

**श्री महावीर**

श्री महावीर पुत्र स्व. मोहन, निवासी ग्राम कल्यानपुर, थाना गिलौला, जिला श्रावस्ती। सविनय अवज्ञा आंदोलन के दौरान भूमिगत रहकर आजादी के लिए संघर्ष किया।

**श्री माता प्रसाद**

श्री माता प्रसाद पुत्र स्व. विद्याधर, निवासी धोरमा परसिया, थाना गिलौला, जिला श्रावस्ती। सविनय आंदोलन के दौरान भूमिगत रहकर कार्य किया।

**श्री माता दीन**

श्री माता दीन, निवासी ग्राम खैरा, थाना सोनवा, जिला श्रावस्ती। सत्याग्रह आंदोलन के दौरान एक दिन की सख्त कैद और 50 रुपए जुर्माने की सजा पाई।

**श्री माधव**

श्री माधव पुत्र स्व. मतई, निवासी गलकटवा भिनगा, जिला श्रावस्ती। भारत छोड़ो आंदोलन के दौरान सक्रिय रूप से भाग लिया एवं 1 दिन की सजा पाई।

**श्री मटरू लाल**

श्री मटरू लाल पुत्र स्व. रामप्रसाद, निवासी ग्राम परसौरा माफ़ी, जिला श्रावस्ती। भारत छोड़ो आंदोलन के दौरान 14 वर्ष की सख्त सजा और 100 रुपए जुर्माने की सजा पाई।

**श्री मुस्तफा**

श्री मुस्तफा पुत्र स्व. रमजान, निवासी ग्राम जमुनहा, जिला श्रावस्ती। व्यक्तिगत सत्याग्रह आंदोलन के दौरान एक वर्ष तक सख्त कैद व 100 रुपए जुर्माना पुनः भारत छोड़ो आंदोलन के दौरान अनिश्चितकालीन नजरबंद की सजा पाई।

**श्री मुहम्मद सालिम**

श्री मुहम्मद सालिम पुत्र स्व. फकीरे, निवासी ग्राम अमवा, तहसील भिनगा, जिला श्रावस्ती। सविनय अवज्ञा आंदोलन में सक्रिय रूप से भाग लिया, किंतु गिरफ्तार नहीं किए गए। भूमिगत रहकर देश की आजादी के लिए संघर्ष किया।

**श्री मेवा दास**

श्री मेवा दास पुत्र स्व. संत दास, निवासी कोयलहवा जोखवा बाजार, जिला श्रावस्ती। भारत छोड़ो आंदोलन के दौरान 1942 में 2 वर्ष की कैद व 10 रुपए जुर्माने की सजा पाई।

**श्री मोहन लाल**

श्री मोहन लाल पुत्र स्व. राम प्रगट, निवासी ग्राम राजा खुर्द गिलौला, जिला श्रावस्ती। सविनय अवज्ञा आंदोलन के दौरान 6 माह की सख्त कैद व 100 रुपए जुर्माने की सज़ा पाई।

**श्री मोहन लाल**

श्री मोहन लाल पुत्र स्व. हरिद्वार, निवासी ग्राम फतुहापुर, थाना सोनवा, जिला श्रावस्ती। व्यक्तिगत सत्याग्रह आंदोलन के दौरान 6 माह की सख्त कैद की सजा पाई।

**श्री मोहन लाल**

श्री पुत्र स्व. रामआसरे, निवासी ग्राम शंकरपुर (लक्ष्मननगर), थाना सोनवा, जिला श्रावस्ती। व्यक्तिगत सत्याग्रह आंदोलन के दौरान 6 माह की सख्त कैद व 100 रुपए जुर्माना पुनः भारत छोड़ो आंदोलन के दौरान नजरबंद की सजा पाई।

**श्री मौला बख्श**

श्री मौला बख्श पुत्र स्व. हुसैन बख्श, निवासी ग्राम कचनापुर, जिला श्रावस्ती। भारत छोड़ो आंदोलन के दौरान 6 माह की सख्त कैद व 50 रुपए जुर्माने की सजा पाई।

**श्री रघुनंदन**

श्री रघुनंदन पुत्र स्व. अयोध्या प्रसाद, निवासी ग्राम लखाही, पुतली तारा इकौना, जिला श्रावस्ती। व्यक्तिगत सत्याग्रह आंदोलन के दौरान 6 माह की सख्त कैद व 30 रुपए जुर्माने की सजा पाई।

**श्री रघुनाथ प्रसाद**

श्री रघुनाथ प्रसाद पुत्र स्व. द्वारिका, निवासी इकौना, जिला श्रावस्ती। सविनय अवज्ञा आंदोलन के दौरान 6 माह की सख्त कैद व 20 रुपए जुर्माने की सजा पाई।

**श्री रजई**

श्री रजई पुत्र स्व. खन्चू, निवासी ग्राम सेमरा गौहनिया, भिनगा जिला श्रावस्ती। सविनय अवज्ञा आंदोलन के दौरान एक वर्ष की सख्त कैद की सजा पाई।

**श्री राज बहादुर**

श्री राज बहादुर पुत्र स्व. राम पदारथ, निवासी ग्राम कल्यानपुर दीननामगढ़ इकौना, जिला श्रावस्ती। व्यक्तिगत सत्याग्रह 'आंदोलन' के दौरान नौ माह की सख्त कैद व 500 रुपया जुर्माना, पुनः भारत छोड़ो आंदोलन के दौरान अनिश्चितकालीन नजरबंद की सजा पाई।

**श्री राजाराम**

श्री राजाराम पुत्र निवासी ग्राम लोहनिया, विशुनपुरा पड़वलिया, जिला श्रावस्ती। व्यक्तिगत सत्याग्रह आंदोलन के दौरान 6 माह की सख्त कैद व 50 रुपए जुर्माने की सजा पाई।

**श्री राजाराम**

श्री राजाराम पुत्र स्व. गुरुदीन, निवासी ग्राम धोरमा परसिया गिलौला जिला श्रावस्ती। सविनय अवज्ञा आंदोलन के दौरान 6 माह की सख्त कैद व 100 रुपए जुर्माना की सजा पाई।

**श्री राजाराम**

श्री राजाराम पुत्र स्व. मेड़ई, निवासी ग्राम ककन्धू, जिला श्रावस्ती। व्यक्तिगत सत्याग्रह आंदोलन के दौरान 6 माह की सख्त कैद व 100 रुपए जुर्माने की सजा पाई।

**श्री राजितराम**

श्री राजित राम पुत्र राम प्रगास, निवासी इकौना, जिला श्रावस्ती। भारत छोड़ो आंदोलन के दौरान 9 माह की सख्त कैद की सजा पाई।

**श्री सरजू प्रसाद**

श्री सरजू प्रसाद पुत्र सीताराम, निवासी ग्राम लोहनिया विशुनापुर पड़वालिया, जिला श्रावस्ती। व्यक्तिगत सत्याग्रह आंदोलन के दौरान 6 माह की सख्त कैद व जुर्माने की सजा पाई।

**श्री राधाकृष्ण**

श्री राधाकृष्ण पुत्र स्व. गोवर्धन, निवासी ग्राम नरायनजोत (इकौना). जिला श्रावस्ती। सविनय अवज्ञा आंदोलन के दौरान 6 माह की सख्त कैद व 50 रुपए जुर्माने की सजा पाई।

**श्री राम अधार**

श्री राम अधार पुत्र स्व. बाबूराम, निवासी ग्राम नेवरिया, थाना सोनवा, जिला श्रावस्ती। व्यक्तिगत सत्याग्रह आंदोलन के दौरान 6 माह की सख्त कैद व 30 रुपए जुर्माना, पुनः भारत छोड़ो आंदोलन के दौरान अनिश्चितकालीन नजरबंद की सजा पाई।

**श्री राम अधार**

श्री राम अधार पुत्र स्व. रघुवीर, निवासी जोगढ़ गोठवा, जिला श्रावस्ती। सविनय अवज्ञा आंदोलन के दौरान 1 वर्ष की सख्त कैद व 100 रुपए जुर्माना, पुन: व्यक्तिगत सत्याग्रह आंदोलन के दौरान 9 माह की सख्त कैद व 500 रुपए जुर्माने की सजा पाई।

**श्री राम आसरे**

श्री राम आसरे पुत्र सुमिरन, निवासी ग्राम अमवा भिनगा, जिला श्रावस्ती। सविनय अवज्ञा आंदोलन के दौरान सक्रिय रूप से भाग लिया किंतु पकड़े नहीं गए। भूमिगत रहकर देश की आजादी के लिए कार्य किया।

**श्री राम औतार**

श्री राम औतार पुत्र स्व. द्वारिका निवासी ग्राम कमलिया गिलौला, जिला श्रावस्ती। सविनय अवज्ञा आंदोलन के दौरान...माह की सख्त कैद व 50 रुपए जुर्माने की सजा पाई।

**श्री राम खुलवत**

श्री राम खुलवत पुत्र गोकुल प्रसाद, निवासी ग्राम बुटहर सिरसिया, भारत छोड़ो आंदोलन के दौरान एक वर्ष की कैद व 25 रुपए जुर्माने की सजा पाई।

**श्री राम जियावन**

श्री राम जियावन पुत्र स्व. ओरीलाल, निवासी ग्राम लालपुर, थाना सोनवा, जिला श्रावस्ती व्यक्तिगत सत्याग्रह आंदोलन के दौरान 6 माह की सख्त कैद व 25 रुपए जुर्माने की सजा पाई।

**श्री राम जियावन साहू**

श्री राम जियावन साहू, निवासी ग्राम बेडसरा, थाना सोनवा, जिला श्रावस्ती। भारत छोड़ो आंदोलन के दौरान 6 माह की सख्त कैद और 30 रुपए जुर्माने की सजा पाई।

**श्री राम दयाल**

श्री राम दयाल पुत्र स्व. बेचन हलवाई, निवासी ग्राम व थाना गिलौला, जिला श्रावस्ती। भारत छोड़ो आंदोलन के दौरान 3 माह की सख्त कैद व 100 रुपए जुर्माने की सजा पाई।

**श्री राम दयाल**

श्री राम दयाल पुत्र स्व. महावीर, निवासी ग्राम गिलौला, जिला श्रावस्ती। सविनय अवज्ञा आंदोलन के दौरान आजादी की लड़ाई भूमिगत होकर लड़ी।

**श्री राम नारायण**

श्री राम नारायण पुत्र बैजनाथ, निवासी इकौना, जिला श्रावस्ती। सविनय अवज्ञा आंदोलन के दौरान गिरफ्तार हुए किंतु सजा नहीं पाई, सक्रिय रूप से कार्य किया। भूमिगत रहकर देश की आजादी के लिए संघर्ष किया।

**श्री राम पलटन**

श्री राम पलटन पुत्र स्व. महावीर यादव, निवासी ग्राम बेडसरा, थाना सोनवा, जिला श्रावस्ती। व्यक्तिगत सत्याग्रह आंदोलन के दौरान नौ माह की सख्त कैद व 50 रुपए जुर्माने की सजा पाई।

**श्री राम भरोसे**

श्री राम भरोसे पुत्र नगेसर प्रसाद, निवासी ग्राम परसिया पंडित इकौना, जिला श्रावस्ती। व्यक्तिगत सत्याग्रह आंदोलन के दौरान एक दिन की कैद व 25 रुपए जुर्माने की सजा पाई।

**श्री राम भरोसे**

श्री राम भरोसे पुत्र सुखई, निवासी ग्राम दुर्गापुर जमुनहा, जिला श्रावस्ती। सविनय अवज्ञा आंदोलन के दौरान एक वर्ष की सख्त कैद, व्यक्तिगत सत्याग्रह आंदोलन के दौरान 6 माह की सख्त कैद, पुन: भारत छोड़ो आंदोलन के दौरान अनिश्चितकालीन नजरबंद की सजा पाई।

**श्री राम लखन**

श्री राम लखन पुत्र स्व. नंद कुमार, निवासी ग्राम कोकलवारा गिलौला, जिला श्रावस्ती। व्यक्तिगत सत्याग्रह आंदोलन के दौरान एक दिन की कैद व 50 रुपए जुर्माने की सजा पाई।

**श्री राम लखन**

श्री राम लखन पुत्र स्व. काली प्रसाद, निवासी ग्राम मोहम्मदपुर, थाना गिलौला, जिला श्रावस्ती। व्यक्तिगत सत्याग्रह आंदोलन के दौरान 9 माह की सख्त कैद व 5 रुपए जुर्माने की सजा पाई।

**श्री राम लौटन**

श्री राम लौटन पुत्र स्व. महावीर,निवासी ग्राम गेहुँआ भारी, जोखुआ बाजार, जिला श्रावस्ती। व्यक्तिगत आंदोलन के दौरान 6 माह की सख्त कैद व 200 रुपए जुर्माने की सजा पाई।

**श्री राम शरण**

श्री राम शरण पुत्र स्व. बाउर सोनार, निवासी गोठवा भिनगा, जिला श्रावस्ती। व्यक्तिगत सत्याग्रह आंदोलन के दौरान 4 माह की सख्त कैद व 50 रुपए जुर्माने की सजा पाई।

**श्री राम शिला**

श्री राम शिला पुत्र बृज भूषण, निवासी ग्राम रमवापुर, हरिहरपुर रानी, जिला श्रावस्ती। सविनय अवज्ञा आंदोलन के दौरान 6 माह की कैद 100 रुपए जुर्माने की सजा पाई।

**श्री राम शिला**

श्री राम शिला पुत्र स्व. राम नारायण, निवासी ग्राम हरिहरपुर रानी भिनगा, जिला श्रावस्ती। व्यक्तिगत आंदोलन के दौरान 1 दिन की कैद व 30 रुपए जुर्माना की सजा पाई।

**श्री राम सुंदर**

श्री राम सुंदर पुत्र राम किंकर उर्फ राम शंकर, ग्राम बुटहर विशुनापुर पड़वालिया, जिला श्रावस्ती। व्यक्तिगत सत्याग्रह आंदोलन के दौरान 9 माह की सख्त कैद 250 रुपए जुर्माने की सजा पाई।

**श्री राम सुमिरन**

श्री राम सुमिरन पुत्र गुरुदीन निवासी अमवा भिनगा, जिला श्रावस्ती। सविनय अवज्ञा आंदोलन के दौरान सक्रिय रूप से भाग लिया। भूमिगत रहकर देश की आजादी के लिए संघर्ष किया।

**श्री राम हरख**

श्री राम हरख पुत्र स्व. सूर्य लाल, निवासी ग्राम लालपुर कैंदुआ, थाना सोनवा, जिला श्रावस्ती। व्यक्तिगत सत्याग्रह आंदोलन के दौरान 1 दिन की कैद व 20 रुपए जुरमाने की सजा पाई।

**श्री राम हर्ष**

श्री राम हर्ष पुत्र स्व. रामदास, निवासी ग्राम लैबुड्वा इकौना, जिला श्रावस्ती। सविनय अवज्ञा आंदोलन के दौरान सक्रिय रूप से भाग लिया किंतु सजा नहीं मिली।

**श्री रामजस**

श्री रामजस पुत्र स्व. तिलक, ग्राम पटना खरगौरा, जिला श्रावस्ती। व्यक्तिगत सत्याग्रह आंदोलन के दौरान 6 माह की सख्त कैद व 100 रुपए जुर्माने की सजा पाई।

**श्री रामजस**

श्री रामजस पुत्र स्व. राम रतन, निवासी ग्राम बनगाई सिरसिया, जिला श्रावस्ती। भारत छोड़ो आंदोलन के दौरान 1 वर्ष की सख्त कैद व 50 रुपए जुर्माने की सजा पाई।

**श्री रामजस**

श्री रामजस पुत्र स्व. राम रतन, निवासी खनपुरवा अमवा, जिला श्रावस्ती। व्यक्तिगत सत्याग्रह आंदोलन के दौरान 6 माह की सख्त कैद की सजा पाई।

**श्री रामदत्त**

श्री रामदत्त पुत्र स्व. छाजूराम, निवासी ग्राम-थाना इकौना, जिला श्रावस्ती। सविनय अवज्ञा आंदोलन के दौरान 6 माह की सख्त कैद व 650 रुपए जुर्माना, पुनः व्यक्तिगत सत्याग्रह आंदोलन के दौरान 6 माह की सजा पाई।

**श्री रामदयाल**

श्री रामदयाल पुत्र स्व. अधीन, निवासी ग्राम-पोस्ट कोयलहवा बाजार, जिला श्रावस्ती। सविनय आज्ञा आंदोलन के दौरान 1942 में 2 वर्ष की कैद व 50 रुपए जुर्माना की सजा पाई।

**श्री रामधन यादव**

श्री रामधन यादव पुत्र स्व. निश्चल यादव, निवासी ग्राम कलकलवा, थाना मल्हीपुर, जिला श्रावस्ती। व्यक्तिगत सत्याग्रह आंदोलन के दौरान एक माह की कैद व 500 रुपए जुर्माने की सजा पाई।

**श्री राम नारायण**

श्री राम नारायण पुत्र स्व. रामपति, निवासी पटना खरगौरा, जिला श्रावस्ती। व्यक्तिगत सत्याग्रह आंदोलन के दौरान 3 माह की कैद 50 रुपए जुर्माने की सजा पाई।

**श्री रामनाथ**

श्री रामनाथ पुत्र स्व. राम रतन, निवासी ग्राम ईंटोझा बनकटी (इकौना), जिला श्रावस्ती। सविनय अवज्ञा आंदोलन के दौरान 6 माह की कैद 20 रुपए जुर्माने की सजा पाई।

**श्री रामपति**

श्री रामपति पुत्र स्व. उजागर, निवासी ग्राम खडैला रामपुर गिलौला, जिला श्रावस्ती। सविनय अवज्ञा आंदोलन के दौरान 1 वर्ष की सख्त कैद व 25 रुपए जुर्माने की सजा पाई। पुन: भारत छोड़ो आंदोलन के दौरान 9 माह की सख्त कैद की सजा पाई।

**श्री रामपति**

श्री रामपति पुत्र छेदीराम, निवासी ग्राम कल्यानपुर, दीननामगढ़ इकौना, जिला श्रावस्ती। व्यक्तिगत सत्याग्रह आंदोलन के दौरान 6 माह की सख्त कैद व 150 रुपए जुर्माने की सजा पाई।

**श्री रामफल**

श्री रामफल पुत्र स्व. द्वारिका, निवासी पटना खरगौरा, जिला श्रावस्ती। सविनय अवज्ञा आंदोलन के दौरान ...माह की 100 रुपए जुर्माने की सजा पाई।

**श्री रामफल**

श्री रामफल पुत्र निरहू, निवासी ग्राम खनपुरवा अमवा, जिला श्रावस्ती। सविनय अवज्ञा आंदोलन के दौरान 6 माह की सख्त कैद व 100 रुपए जुर्माने की सजा पाई।

**श्री रामफल**

श्री रामफल पुत्र स्व. अयोध्या प्रसाद, निवासी हडिल्ला, थाना गिलौला, जिला श्रावस्ती। सत्याग्रह आंदोलन के दौरान 6 माह की सख्त कैद तथा भारत छोड़ो आंदोलन के दौरान अनिश्चितकालीन नजरबंद की सजा पाई।

**श्री राममिलन**

श्री राममिलन पुत्र स्व. चौधरी, निवासी ग्राम दुर्गापुर, जिला श्रावस्ती। व्यक्तिगत सत्याग्रह आंदोलन के दौरान 4 माह की सख्त कैद की सजा पाई।

**श्री रामरूप**

श्री रामरूप पुत्र स्व. परमेश्वर, निवासी ग्राम फतुहापुर, थाना सोनवा, जिला श्रावस्ती। व्यक्तिगत सत्याग्रह आंदोलन के दौरान 3 माह की सख्त कैद व 100 रुपए जुर्माने की सजा पाई।

**श्री रामलखन**

श्री रामलखन पुत्र स्व. इंदर, निवासी ग्राम पटना कोठार, कल्यानपुर इकौना, जिला श्रावस्ती। व्यक्तिगत सत्याग्रह आंदोलन के दौरान 6 माह की सख्त कैद व 500 रुपए जुर्माना, पुनः भारत छोड़ो आंदोलन के दौरान अनिश्चितकालीन नजरबंद की सजा पाई।

**श्री रामलगन**

श्री रामलगन पुत्र स्व. बाबू, निवासी ग्राम पोस्ट दुधवनिया जिला श्रावस्ती सविनय अवज्ञा आंदोलन के दौरान 6 माह की सख्त कैद व 100 रुपए जुर्माने की सजा पाई।

**श्री रामलाल**

श्री रामलाल पुत्र श्री रामस्वरूप, निवासी शाहपुर बरगद, जिला श्रावस्ती। व्यक्तिगत सत्याग्रह आंदोलन के दौरान 6 माह की सख्त कैद व 100 रुपए जुर्माना। पुनः भारत छोड़ो आंदोलन के दौरान 1 वर्ष की सख्त कैद की सजा पाई।

**श्री रामलाल कैराती**

श्री रामलाल कैराती, निवासी ग्राम कंचनापुर, थाना सोनवा, जिला श्रावस्ती। व्यक्तिगत आंदोलन के दौरान एक दिन की कैद 50 रुपए जुर्माने की सजा पाई।

**श्री रामशंकर**

श्री रामशंकर पुत्र स्व. संते, निवासी ग्राम लोहनिया, विशुनापुर पढवलिया, जिला श्रावस्ती। भारत छोड़ो आंदोलन के दौरान 1 वर्ष की सख्त कैद व 50 रुपए जुर्माने की सजा पाई।

**श्री रामसुंदर**

श्री रामसुंदर पुत्र दुर्गा प्रसाद, निवासी टेढ़वा महंत इकौना, जिला श्रावस्ती। भारत छोड़ो आंदोलन के दौरान दो वर्ष की सख्त कैद व 210 रुपए जुर्माने की सजा पाई।

**श्री रामसेवक त्रिपाठी**

श्री रामसेवक त्रिपाठी पुत्र स्व. महावीर, निवासी ग्राम लाल कंदुवा, जिला श्रावस्ती। व्यक्तिगत सत्याग्रह आंदोलन के दौरान 6 माह की कैद व 10 रुपए जुर्माना की सजा पाई, पुनः भारत छोड़ो आंदोलन के दौरान अनिश्चितकालीन नजरबंद की सजा मिली।

**श्री लालता प्रसाद**

श्री लालता प्रसाद पुत्र भगोले, निवासी ग्राम भलुहिया दसौंधी इकौना, जिला श्रावस्ती। व्यक्तिगत सत्याग्रह आंदोलन के दौरान 6 माह की सख्त कैद व 50 रुपए जुर्माने की सजा पाई, पुनः भारत छोड़ो आंदोलन के दौरान अनिश्चितकालीन नजरबंद की सजा पाई।

**श्री लालता प्रसाद**

श्री लालता प्रसाद पुत्र स्व. राम आसरे, निवासी ग्राम सुक्खा गिलौला, जिला श्रावस्ती। सविनय अवज्ञा आंदोलन के दौरान 6 माह की सख्त कैद व 100 रुपए जुर्माना, पुनः व्यक्तिगत सत्याग्रह आंदोलन के दौरान एक वर्ष की कैद व 100 रुपए जुर्माने की सजा पाई, भारत छोड़ो आंदोलन के दौरान एक वर्ष की सख्त कैद व 100 रुपए जुर्माने की सजा पाई।

**श्री लालता सिंह**

श्री लालता सिंह पुत्र स्व. सुखराज सिंह, निवासी ग्राम झलहिया इकौना, जिला श्रावस्ती। सविनय अवज्ञा आंदोलन के दौरान 6 माह की सख्त कैद व 100 रुपए जुर्माने की सजा पाई।

**श्री वत्स राज**

श्री वत्स राज पुत्र स्व. राम लौटन, निवासी ग्राम पतेड़ा इकौना, जिला श्रावस्ती। व्यक्तिगत सत्याग्रह आंदोलन के दौरान 1 वर्ष की सख्त और 20 रुपए जुर्माना, पुनः भारत छोड़ो आंदोलन के दौरान अनिश्चितकालीन नजरबंद की सजा पाई।

**श्री विजय बहादुर**

श्री विजय बहादुर पुत्र हरिवंश, निवासी ग्राम मदारा इकौना, जिला श्रावस्ती। व्यक्तिगत सत्याग्रह आंदोलन के दौरान एक वर्ष की सख्त सज़ा व 250 रुपए जुर्माना, पुनः भारत आंदोलन के दौरान अनिश्चितकालीन नजरबंद की सजा पाई।

**श्री विद्याराम**

श्री विद्याराम पुत्र स्व. भात्रोहन, निवासी रामपुर पैंडा गिलौला, जिला श्रावस्ती। सविनय अवज्ञा आंदोलन के दौरान 1 वर्ष की सख्त कैद और 100 रुपए जुर्माना की सजा पाई।

**श्री शंभू दत्त**

श्री शंभू दत्त पुत्र स्व. विशेश्वर प्रसाद, निवासी ग्राम बरदेहरा, जिला श्रावस्ती। व्यक्तिगत सत्याग्रह आंदोलन के दौरान 6 माह की सख्त कैद व 25 रुपए जुर्माने की सजा पाई। पुनः भारत छोड़ो आंदोलन के दौरान नौ माह की कैद व 15 रुपए जुर्माने की सजा पाई।

**श्री शहती**

श्री शहती पुत्र स्व. महती, निवासी ग्राम फतुहापुर सोनवा, जिला श्रावस्ती। सविनय अवज्ञा आंदोलन के दौरान भूमिगत रहकर आजादी के लिए संघर्ष किया।

**श्री शीतल प्रसाद**

श्री शीतल प्रसाद पुत्र स्व. रघुवर दयाल, निवासी ग्राम इटहिया जमुनहा, जिला श्रावस्ती। सविनय अवज्ञा आंदोलन के दौरान सक्रिय रूप से भाग लिया किंतु गिरफ्तार नहीं किए गए। भूमिगत रहकर देश की आजादी के लिए संघर्ष किया।

**श्री शुकदेव प्रसाद**

श्री शुकदेव प्रसाद पुत्र राम हजारी, निवासी ग्राम सुविखा (ग्राम भगवानपुर बनकटवा) इकौना, जिला श्रावस्ती। व्यक्तिगत सत्याग्रह आंदोलन के दौरान 6 माह की सख्त कैद और 25 रुपए जुर्माना, पुनः भारत छोड़ो आंदोलन के दौरान 1 वर्ष की सख्त कैद की सजा पाई।

**श्री शोभाराम**

श्री शोभाराम पुत्र स्व. राम बिहारी, निवासी ग्राम परसिया पंडित इकौना, जिला श्रावस्ती। सविनय अवज्ञा आंदोलन के दौरान 6 माह की सख्त कैद व 50 रुपए जुर्माने की सजा पाई। पुनः व्यक्तिगत सत्याग्रह आंदोलन के दौरान 6 माह की सख्त कैद व 50 रुपए जुर्माना तथा भारत छोड़ो आंदोलन के दौरान अनिश्चितकालीन नजरबंद की सजा पाई।

**श्री शोभाराम वर्मा**

श्री शोभाराम वर्मा पुत्र स्व. भगवान दत्त, निवासी ग्राम चितईपुर गोठया, जिला श्रावस्ती। व्यक्तिगत सत्याग्रह आंदोलन के दौरान 4 माह की सख्त कैद व 50 रुपए जुर्माना, पुनः आंदोलन के दौरान अनिश्चितकालीन नजरबंद की सजा पाई।

**श्री श्याम नारायण पांडेय**

श्री श्याम नारायण पांडेय पुत्र स्व. गजाधर प्रसाद, निवासी ग्राम रानीपुर काजी, गिलौला, जिला श्रावस्ती। व्यक्तिगत सत्याग्रह आंदोलन के दौरान 9 माह की सख्त कैद व 200 रुपए जुर्माने की सजा पाई।

**श्री श्रीराम उर्फ भगौती**

निवासी ग्राम गोठवा, जिला श्रावस्ती। 1930 को विदेशी वस्त्र बहिष्कार आंदोलन के दौरान एक दिन की सजा पाई।

**श्री श्रीराम त्रिपाठी**

श्री श्रीराम त्रिपाठी पुत्र स्व. हरिद्वार निवासी ग्राम पतेडा (इकौना), जिला श्रावस्ती। सविनय अवज्ञा आंदोलन के दौरान 6 माह की सख्त कैद व 100 रुपए जुर्माना, व्यक्तिगत सत्याग्रह आंदोलन के दौरान एक वर्ष की सख्त कैद व 200 रुपए जुर्माना, पुनः भारत छोड़ो आंदोलन के दौरान अनिश्चितकालीन नजरबंद की सजा पाई।

**श्री श्रीराम**

श्री श्रीराम पुत्र स्व. ननकऊ, निवासी ग्राम घोरमा परसिया, थाना गिलौला, जिला श्रावस्ती। सविनय अवज्ञा आंदोलन के दौरान भूमिगत रहकर आजादी के लिए संघर्ष किया।

**श्री श्रीराम**

श्री श्रीराम पुत्र स्व. महावीर, निवासी ग्राम दुधवानिया, जिला श्रावस्ती। व्यक्तिगत सत्याग्रह आंदोलन के दौरान 4 माह की सख्त कैद 25 रुपए जुर्माने की सजा पाई।

**श्री श्रीराम**

श्री श्रीराम पुत्र स्व. गोकुल, निवासी ग्राम निरहा लोहरासपुर, थाना सोनवा, जिला श्रावस्ती। व्यक्तिगत सत्याग्रह आंदोलन के दौरान 4 माह की सख्त कैद व 25 रुपए जुर्माने की सजा पाई।

**श्री श्रीराम**

श्री श्रीराम, निवासी भिनगा, जिला श्रावस्ती। व्यक्तिगत सत्याग्रह आंदोलन के दौरान 1 वर्ष की सख्त कैद व 50 रुपए जुर्माना, पुनः भारत छोड़ो आंदोलन के दौरान अनिश्चितकालीन नजरबंद की सजा पाई।

**श्री सत्तन**

श्री सत्तन पुत्र स्व. देवी दीन, निवासी ग्राम शंकरपुर सोनवा, जिला श्रावस्ती। सविनय अवज्ञा आंदोलन के दौरान भूमिगत रहकर आजादी के लिए संघर्ष किया।

**श्री सत्यराम**

श्री सत्यराम, निवासी ग्राम लैबुड्वा इकौना, जिला श्रावस्ती। सविनय अवज्ञा आंदोलन के दौरान सक्रिय रूप से भाग लिया किंतु सजा नहीं मिली। भूमिगत रहकर देश की आजादी के लिए संघर्ष किया।

**श्री संतू**

श्री संतू पुत्र स्व. मंगरे, निवासी ग्राम विजयपुर सिसांवा, थाना गिलौला, जिला श्रावस्ती। सविनय अवज्ञा आंदोलन 1934 के दौरान सक्रिय रूप से भाग लिया।

**श्री सरजू प्रसाद**

श्री सरजू प्रसाद पुत्र स्व. महावीर. निवासी ग्राम घोरमा परसिया गिलौला, जिला श्रावस्ती। सविनय अवज्ञा आंदोलन के दौरान 6 माह की सख्त कैद व 100 रुपए जुर्माना की सजा पाई।

**श्री सरजू प्रसाद**

श्री सरजू प्रसाद पुत्र स्व. मेड़ई, निवासी ग्राम जमुनहा हीरा सिंह, जिला श्रावस्ती। व्यक्तिगत सत्याग्रह आंदोलन के दौरान 1 वर्ष की सख्त कैद व 100 रुपए जुर्माने की सजा पाई।

**श्री सरदार अली**

श्री सरदार अली पुत्र स्व. इमाम बख्श,निवासी ग्राम नौबस्ता, भिनगा, जिला श्रावस्ती। भारतीय आंदोलन के दौरान एक दिन की सजा पाई। आप जिला स्व. स. से. परिषद बहराइच के वर्ष 1973-74 में कार्यालय मंत्री के पद पर कार्यरत रहे।

**श्री साधु शरण लाल**

श्री साधु शरण लाल पुत्र स्व. शंभू दयाल, निवासी ग्राम उत्तमापुर मल्हीपुर, जिला श्रावस्ती। व्यक्तिगत सत्याग्रह आंदोलन के दौरान एक वर्ष की सख्त कैद व 100 रुपए जुर्माने की सजा पाई।

**श्री साबितराम यादव**

श्री साबितराम यादव पुत्र स्व. रामधन निवासी ग्राम कलकलवा मल्हीपुर, जिला श्रावस्ती। व्यक्तिगत सत्याग्रह आंदोलन के दौरान 6 माह की सख्त कैद व 50 रुपए जुर्माना, पुनः भारत छोड़ो आंदोलन के दौरान अनिश्चितकालीन नजरबंद की सजा पाई।

**श्री सालिकराम**

श्री सालिकराम पुत्र श्यामता उर्फ कामता प्रसाद, निवासी ग्राम दुर्गापुर जोखवा बाजार, जिला श्रावस्ती। व्यक्तिगत सत्याग्रह आंदोलन के दौरान 9 माह की सख्त कैद व 2000 रुपए जुर्माना। पुनः भारत छोड़ो आंदोलन के दौरान अनिश्चितकालीन नजरबंद की सजा पाई।

**श्री सांवली प्रसाद**

श्री सांवली प्रसाद पुत्र स्व. पराग दत्त, निवासी ग्राम इंटौझा बनकटी (इकौना), जिला श्रावस्ती। सविनय अवज्ञा आंदोलन के दौरान अनिश्चितकालीन नजरबंद की सजा पाई।

**श्री सीताराम**

श्री सीताराम पुत्र स्व. गुलाम, निवासी ग्राम पटना खरगौरा (भिनगा), जिला श्रावस्ती। सविनय अवज्ञा आंदोलन के दौरान 6 माह की सख्त कैद व 100 रुपए जुर्माने की सजा पाई।

**श्री सीताराम**

श्री सीताराम पुत्र स्व. फूलमन, निवासी ग्राम व थाना गिलौला, जिला श्रावस्ती। भारत छोड़ो आंदोलन के दौरान 3 माह की सख्त कैद व 100 रुपए जुर्माने की सजा पाई।

**श्री सीताराम**

श्री सीताराम पुत्र श्री राम नयन, निवासी ग्राम दुर्गापुर, जिला श्रावस्ती। व्यक्तिगत सत्याग्रह आंदोलन के दौरान 6 माह की सख्त कैद व 25 रुपए जुर्माने की सजा पाई।

**श्री सुख मंगल**

श्री सुख मंगल पुत्र गुप्तार, निवासी ग्राम जुड़पनिया सिरसिया, जिला श्रावस्ती। व्यक्तिगत सत्याग्रह आंदोलन के दौरान 9 माह की सख्त कैद व 150 रुपए जुर्माना, पुनः भारत आंदोलन में 1 वर्ष की सख्त कैद व 50 रुपए जुर्माने की सजा पाई।

**श्री सुफल**

श्री सुफल पुत्र देवीदीन, निवासी ग्राम लालपुर खदरा इकौना, जिला श्रावस्ती। सविनय अवज्ञा आंदोलन के दौरान सक्रिय भाग लिया किंतु सजा नहीं मिली।

**श्री सूरज लाल**

श्री सूरज लाल व्यक्तिगत सत्याग्रह आंदोलन के दौरान एक दिन की सख्त कैद व 20 रुपए जुर्माने की सजा पाई।

**श्री सूरज लाल**

श्री सूरज लाल पुत्र स्व. उमराव निवासी ग्राम चहलवा भिनगा, जिला श्रावस्ती। व्यक्तिगत सत्याग्रह आंदोलन के दौरान 3 माह की सख्त कैद व 15 रुपए जुर्माने की सजा पाई।

**श्री सूर्य बख्श सिंह**

श्री सूर्य बख्श सिंह पुत्र स्व. दर्शन सिंह निवासी ग्राम पटना मल्हीपुर, जिला श्रावस्ती। व्यक्तिगत सत्याग्रह आंदोलन के दौरान एक वर्ष की सख्त कैद व 100 रुपए जुर्माना, पुन: भारत छोड़ो आंदोलन के दौरान अनिश्चितकालीन नजरबंद की सजा पाई।

**श्री सूर्य लाल**

श्री सूर्य लाल पुत्र स्व. ठाकुर, निवासी ग्राम गोठमा, जिला श्रावस्ती। 1930 के विदेशी वस्त्र बहिष्कार आंदोलन के दौरान एक दिन की सजा पाई।

**श्री सोखा**

श्री सोखा पुत्र स्व. नरायन, निवासी ग्राम गिलौला, जिला श्रावस्ती। सविनय अवज्ञा आंदोलन के दौरान भूमिगत सक्रिय रूप से भाग लिया।

**श्री सोमई**

श्री सोमई पुत्र स्व. राम जियावन, निवासी ग्राम रतनापुर, थाना सोनवा, जिला श्रावस्ती। सविनय अवज्ञा आंदोलन 1932 के दौरान सक्रिय रूप से भाग लिया।

**श्री स्वामी दयाल**

श्री स्वामी दयाल पुत्र स्व. राम सुधि, निवासी ग्राम नेवरिया, थाना सोनवा, जिला श्रावस्ती। व्यक्तिगत सत्याग्रह आंदोलन के दौरान 4 माह की सख्त कैद व 200 रुपए जुर्माने की सजा पाई।

**श्री स्वामी दयाल त्रिपाठी**

श्री स्वामी दयाल त्रिपाठी पुत्र राम लखन, निवासी ग्राम पतेड़ा, जिला श्रावस्ती। व्यक्तिगत सत्याग्रह आंदोलन के दौरान 6 माह की सख्त सजा व 50 रु. जुर्माना, पुन: भारत छोड़ो आंदोलन के दौरान अनिश्चितकालीन नजरबंद की सजा पाई।

**श्री स्वामी दयाल वर्मा**

श्री स्वामी दयाल वर्मा पुत्र ओरीलाल, निवासी ग्राम परसा देवतहा, जिला श्रावस्ती। सविनय अवज्ञा आंदोलन के दौरान 15 माह की सख्त कैद व 100 रुपए जुर्माना, पुनः भारत छोड़ो आंदोलन के दौरान 15 माह की सख्त कैद व 100 रुपए जुर्माना, पुनः भारत छोड़ो आंदोलन के दौरान 2 वर्ष कैद व 450 रुपए जुर्माने की सजा पाई।

**श्री स्वामी दयाल**

श्री स्वामी दयाल पुत्र स्व. दुर्गा प्रसाद, निवासी ग्राम कमली गिलौला, जिला श्रावस्ती। भारत छोड़ो आंदोलन के दौरान पंद्रह वर्ष की सख्त व 100 रुपए जुर्माने की सजा पाई।

**श्री हरिवंश**

श्री हरिवंश पुत्र स्व. महावीर, निवासी ग्राम खुरुहरी, जिला श्रावस्ती। सविनय अवज्ञा आंदोलन के दौरान 6 माह की सख्त कैद व 100 रुपए जुर्माने की सजा पाई।

**श्री हिमांचल**

श्री हिमांचल पुत्र स्व. बच्चू, निवासी ग्राम व थाना गिलौला, जिला श्रावस्ती। सविनय अवज्ञा आंदोलन के दौरान भूमिगत भाग लिया।

**श्री होलीराम**

श्री होली राम पुत्र छेदी राम, निवासी ग्राम जोगिन भरिया, जोखवा बाजार, जिला श्रावस्ती। भारत छोड़ो आंदोलन के दौरान एक मास की सख्त कैद व 250 रुपए जुर्माने की सजा पाई।

**श्री होलीराम**

श्री होलीराम पुत्र बेचनराम (बच्चू हलवाई), निवासी ग्राम इकौना बाजार, जिला श्रावस्ती। व्यक्तिगत सत्याग्रह आंदोलन के दौरान तीन माह की सख्त कैद की सजा पाई।

**श्री होलीराम**

श्री होलीराम पुत्र स्व. रामस्वरूप लोनिया, निवास रामपुर कोड़री, थाना सोनवा, जिला श्रावस्ती। व्यक्तिगत सत्याग्रह आंदोलन के दौरान 1941 में सक्रिय रूप से भाग लिया।

**श्री रघुवर दयाल**

श्री रघुवर दयाल पुत्र देवी दास, निवासी ग्राम कमलिया गिलौला, जिला श्रावस्ती। सविनय अवज्ञा आंदोलन के दौरान 6 माह की सख्त कैद व 100 रुपए जुर्माने की सजा पाई, व्यक्तिगत सत्याग्रह आंदोलन के दौरान 9 माह की सख्त कैद की सजा पाई।

**श्री साहू**

श्री साहू पुत्र स्व. अधीन, निवासी बंतवारा गिलौला, जिला श्रावस्ती। सविनय आंदोलन 1932 के दौरान सक्रिय रूप से भाग लिया।

**श्री सूर्य लाल**

श्री सूर्य लाल पुत्र स्व. मंगरे, निवासी ग्राम रतनापुर, थाना सोनवा, जिला श्रावस्ती। व्यक्तिगत सत्याग्रह आंदोलन के दौरान 1941 में सक्रिय रूप से भाग लिया।

**श्रीमती कमला देवी**

श्रीमती कमला देवी पत्नी स्व. सांवली प्रसाद, निवासी ग्राम इंटौझा बनकटी (इकौना), जिला श्रावस्ती। सविनय अवज्ञा आंदोलन के दौरान चार माह की सख्त कैद व 50 रुपए जुर्माने की सजा पाई।

**श्रीराम फेरन**

श्रीराम फेरन पुत्र स्व. अमिरका प्रसाद, निवासी ग्राम-पो. गिरजाघर, तहसील भिनगा, जिला श्रावस्ती। सविनय अवज्ञा आंदोलन के दौरान सक्रिय रूप से भाग लिया किंतु गिरफ्तार नहीं किए गए। भूमिगत रहकर देश की आजादी के लिए संघर्ष किया।

**सरदार जोगेंद्र सिंह**

सरदार जोगेंद्र सिंह पुत्र स्व. सरदार अवतार सिंह, निवासी ग्राम भंगहा, जिला श्रावस्ती। सविनय अवज्ञा आंदोलन के दौरान 6 मास की सख्त कैद। व्यक्तिगत सत्याग्रह आंदोलन के दौरान 15 माह की सख्त कैद व 100 रुपए जुर्माना, पुनः भारत छोड़ो आंदोलन में नजरबंद की सजा पाई। आप उड़ीसा व राजस्थान राज्य के राज्यपाल व बहराइच के सांसद भी रहे।

# चित्रावली

श्री शोभाराम वर्मा

श्रीमती भगवान देई

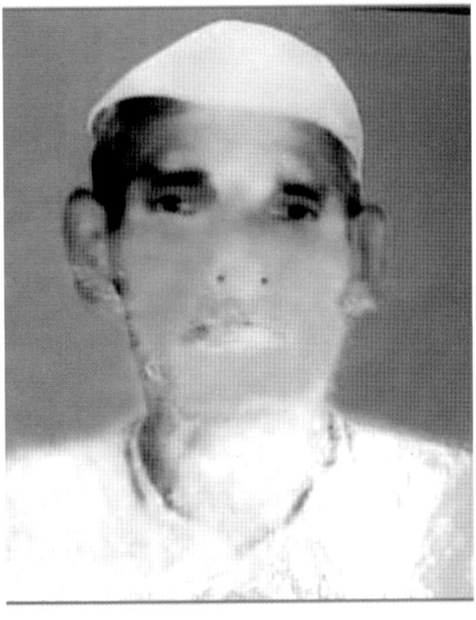

श्री साबित राम

श्री अवध राम

श्री राम लौटन

श्री होली राम

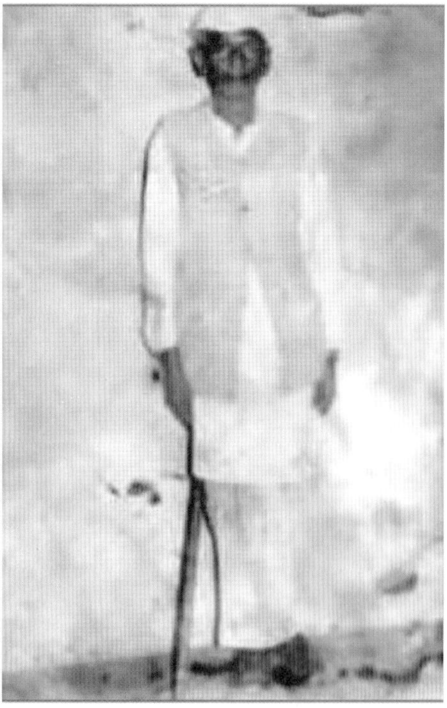

श्री शुकदेव प्रसाद

श्री स्वामी दयाल त्रिपाठी

सरदार जोगेन्द्र सिंह

श्री नौनिधि लाल वर्मा

श्री राम सेवक त्रिपाठी

श्री वत्स राज त्रिपाठी

इकौना ब्लाक के स्वतंत्रता सेनानियों की नाम पट्टिका

गिलौला ब्लाक के स्वतंत्रता सेनानियों की नाम पट्टिका

जमुनहा ब्लाक के स्वतंत्रता सेनानियों की नाम पट्टिका

हरिहरपुर रानी ब्लाक के स्वतंत्रता सेनानियों की नाम पट्टिका

सिरसिया रानी ब्लाक के स्वतंत्रता सेनानियों की नाम पट्टिका